Inteligencia artificial generativa para docentes

Yolanda López Benítez

Inteligencia artificial generativa para docentes
© Yolanda López Benítez

1ª Edición

© IC Editorial, 2025

Editado por: IC Editorial
c/ Cueva de Viera, 2, Local 3
Centro Negocios CADI
29200 Antequera (Málaga)
Teléfono: 952 70 60 04
Fax: 952 84 55 03
Correo electrónico: iceditorial@iceditorial.com
Internet: www.iceditorial.com

ISBN: 979-13-7027-103-9
Depósito Legal: MA 2044-2025

Impresión: PODiPrint
Impreso en Andalucía – España

Nota de la editorial: IC Editorial pertenece a Innovación y Cualificación S. L.

Índice

[3]

OBJETIVOS GENERALES

Los objetivos generales del título **Inteligencia artificial generativa para docentes,** son los siguientes:

- ➲ Comprender los principios y conceptos esenciales de la inteligencia artificial generativa, reconociendo sus aplicaciones actuales y potenciales en el ámbito educativo.
- ➲ Entender los conceptos clave y tipos de inteligencia artificial relevantes para el ámbito educativo.
- ➲ Explorar herramientas de IA generativa y sus posibilidades de aplicación dentro del aula, reconociéndolas como recursos accesibles y útiles para docentes de cualquier nivel educativo.
- ➲ Desarrollar criterios éticos y técnicos para la integración segura y responsable de la IA en la práctica docente.
- ➲ Aplicar estrategias pedagógicas basadas en la IA generativa para optimizar la planificación docente, la retroalimentación al alumnado y la gestión educativa, promoviendo una enseñanza más efectiva y colaborativa.
- ➲ Diseñar actividades didácticas de alta demanda cognitiva usando IA como apoyo.
- ➲ Aplicar la IA en procesos de evaluación, retroalimentación y personalización del aprendizaje.
- ➲ Incorporar la IA como aliada en la gestión educativa y la colaboración docente.

Fundamentos y aplicaciones iniciales de la IA en la docencia

Contenido

1. Introducción
2. ¿Qué es la inteligencia artificial generativa? ¿Cómo funciona?
3. IA en la escuela: usos actuales y proyecciones educativas
4. Introducción a herramientas IA conversacionales
5. Casos reales: cómo otros docentes están usando IA
6. Actividad práctica: primer contacto con un chatbot – escribe tu primer *prompt*
7. *Prompts* educativos: cómo formularlos para obtener buenos resultados
8. Seguridad, privacidad y sesgos: cómo proteger a tu alumnado y a ti
9. Aspectos éticos y legales en el uso educativo de la IA
10. Glosario básico interactivo: términos clave que todo docente debe conocer
11. Taller: crear tu primera actividad de aula con IA paso a paso
12. Resumen

Objetivos

El objetivo general de esta Unidad de Aprendizaje es:

→ Comprender los principios y conceptos esenciales de la inteligencia artificial generativa, reconociendo sus aplicaciones actuales y potenciales en el ámbito educativo.

Los objetivos específicos de esta Unidad de Aprendizaje son:

→ Entender los conceptos clave y tipos de inteligencia artificial relevantes para el ámbito educativo.

→ Explorar herramientas de IA generativa y sus posibilidades de aplicación dentro del aula, reconociéndolas como recursos accesibles y útiles para docentes de cualquier nivel educativo.

→ Desarrollar criterios éticos y técnicos para la integración segura y responsable de la IA en la práctica docente.

1. Introducción

Estamos viviendo un momento único en la historia, en el que la tecnología no solo acompaña el trabajo en el aula, sino que empieza a formar parte activa de ella. La inteligencia artificial generativa, conocida bajo el acrónimo IAGen, una de las innovaciones más impactantes de nuestro tiempo, ha dejado de ser solo una idea del futuro para convertirse en una herramienta real, accesible y poderosa. Por eso es clave que el personal docente de todos los niveles académicos entienda qué es, cómo funciona y, sobre todo, cómo puede utilizarla de forma crítica, ética y creativa en su labor diaria.

La IAGen va más allá de crear textos, imágenes o sonidos. También permite adaptar el aprendizaje a cada estudiante, mejorar las formas de evaluación, enriquecer los materiales didácticos y apoyar la gestión educativa. Desde asistentes virtuales hasta herramientas que crean rúbricas automáticamente, la IA está empezando a cambiar tanto los contenidos que se ven en clase como las formas de enseñar.

Por supuesto que esta transformación tecnológica también plantea desafíos importantes. Por ejemplo, qué sucede con la privacidad de los datos o cómo se protegen los derechos de autor. También, otras cuestiones no menos importantes sobre qué límites éticos se deben tener en cuenta.

Esta unidad tiene como objetivo ofrecer una mirada despejada y práctica sobre los aspectos esenciales de la inteligencia artificial generativa: cómo se usa hoy en el sector educativo, cuáles son sus riesgos y, sobre todo, qué es lo que puede aportar si se aplica con un enfoque pedagógico y totalmente humano.

Con ejemplos reales, propuestas prácticas y herramientas fáciles de aplicar, darás el primer paso en este nuevo mundo. No se trata de convertirte en una persona técnicamente experta, sino en ejercer la docencia con curiosidad, de forma crítica y con criterio para tomar decisiones basadas en información de valor sobre el uso de la IA en el aula.

Como bien lo expresa el Grupo Académico de Inteligencia Artificial Generativa en Educación de la UNAM (2025), no se trata de seguir reglas estrictas, sino de que te apropies de estas tecnologías de forma crítica y con creatividad. Esto te permitirá contribuir en la construcción de una educación más significativa, justa y preparada para los retos del siglo XXI.

Para facilitar este camino, recorrerás esta unidad acompañado de Clara, una docente de secundaria apasionada por la enseñanza, que está empezando a explorar cómo la IA puede ayudarle a conectar mejor con su alumnado.

Su historia será el hilo conductor que te permitirá avanzar, experimentar y reflexionar desde tu propia experiencia.

2. ¿Qué es la inteligencia artificial generativa? ¿Cómo funciona?

 **HILO CONDUCTOR**

Clara asiste a una charla donde escucha por primera vez el término "inteligencia artificial generativa". Aunque al principio le suena a ciencia ficción, algo en su interior le dice que esta herramienta podría ser útil en su aula. Comienza a investigar y descubre que no se trata de magia, sino de tecnología basada en datos, patrones y un lenguaje similar al humano. Este es su primer paso en un universo que está a punto de cambiar su mirada docente.

A diferencia de otros tipos de IA que se limitan a clasificar o predecir, la **IAGen** o inteligencia artificial generativa concibe resultados originales a partir de patrones aprendidos. Su desarrollo se basa en modelos entrenados con información diversa en diferentes formatos, como son investigaciones, artículos, libros, conversaciones, imágenes o vídeos disponibles en la web.

NOTA

La IA generativa es capaz de crear con instrucciones precisas contenido nuevo partiendo del análisis de grandes volúmenes de datos.

Para que puedas saber cómo funciona, basta entender que la IAGen opera principalmente a través de modelos tan conocidos hoy en día como son los **transformadores generativos preentrenados o GPT,** su acrónimo en inglés. Estos modelos son entrenados con millones de ejemplos para aprender cómo se estructura el lenguaje o una imagen, para luego ser capaz de generar algo nuevo a partir de lo solicitado por una persona usuaria. A esta solicitud o instrucción se le llama *prompt*.

> Generando imagen...
>
> Tema: Inteligencia Artificial Generativa
>
> Formato: Rectangular (16:9)
>
> Estilo: Futurista, digital, conceptual
>
> Descripción:
>
> Un cerebro digital brillante flotando en el centro, hecho de circuitos y redes neuronales. De él emergen hilos de luz que se transforman en diversos tipos de contenido: una mano robótica escribiendo texto, una pantalla con una imagen, ondas de audio, líneas de código, e íconos de video. Todo está interconectado por redes neuronales. Fondo oscuro, tonos azules y púrpuras, estilo tecnológico futurista.
>
> Esto tomará unos segundos...

Ejemplo de prompt en GPT para la creación de una imagen a través de una instrucción dada por el usuario y el resultado proporcionado por la IA. Fuente de la imagen. ChatGPT (2025).

 ## SABÍAS QUE...

ChatGPT es una herramienta desarrollada por OpenAI, considerándose una de las primeras inteligencias artificiales generativas de acceso abierto para el público en general. De acuerdo con OpenAI (2023), su principal atractivo fue que cualquier persona podía interactuar con ella sin necesidad de conocimientos técnicos avanzados. En línea con lo planteado por Lim *et al.* (2023), esta facilidad de uso hizo que rápidamente millones de usuarios, entre ellos personal docente y alumnado, la adoptaran para actividades típicas como redactar, traducir, resumir información, programar o resolver dudas habituales.

Ahora bien, es importante que sepas que **ChatGPT no razona ni comprende como lo hacemos los seres humanos.** Tal como explica Ray (2023), el modelo se basa en un mecanismo probabilístico que predice qué palabra es más factible que aparezca después de otra, a partir de los datos con los que fue entrenado. En consonancia con Uc-Cetina *et al.* (2023), lo que parece una respuesta inteligente no es producto de la conciencia o la intención, sino de la reproducción de patrones de lenguaje aprendidos durante su entrenamiento.

Para que puedas sentar una buena base de conocimiento sobre la IA, los **modelos generativos** suelen entrenarse mediante alguno de sus enfoques principales.

A continuación, descubrirás cuáles son estos cauces más utilizados para entrenar a modelos de inteligencia artificial:

➲ **Aprendizaje no supervisado.** En este tipo de aprendizaje automático o *machine learning* se utilizan grandes cantidades de datos sin etiquetar para que el sistema encuentre patrones por sí solo.
Por ejemplo, supón que quieres enseñar a una IA a corregir la ortografía de los textos de tu alumnado. Para entrenarla, le proporcionas miles de ejemplos de textos ya corregidos por ti y por otros profesionales docentes, como palabras mal escritas marcadas y su correspondiente corrección. La IA aprende a identificar estos errores en nuevos textos analizados. También a sugerir correcciones porque ya sabe, gracias a sus fuentes de aprendizaje, cuál es la respuesta correcta en cada caso.
Como ves, la IA desde este enfoque aprende de una manera muy particular. Compara, ajusta y repite el proceso hasta que es capaz de predecir con precisión la corrección ortográfica que debe realizar en nuevos textos.

➲ **Aprendizaje supervisado.** En este otro tipo de aprendizaje, el modelo se entrena con conjuntos de datos ya etiquetados por personas, lo cual mejora la precisión de sus respuestas.
Por ejemplo, ahora imagina que cargas a una IA miles de trabajos escritos por tu alumnado obtenidos a lo largo de tu carrera docente, pero, en esta ocasión, sin decirle cuáles de los textos están bien o cuales contiene errores. La IA analiza el contenido por sí sola y detecta patrones comunes, como pueden ser la similitud de estructuras, el uso de conectores o las agrupaciones por estilos de escritura.
En este caso, la IA aprende de la siguiente manera. No sabe cuál es el mejor texto, pero es capaz de organizar los escritos por similitud o por nivel de complejidad. Esto sería muy útil para ti, puesto que puede ayudarte a descubrir grupos de estudiantes que podrían necesitar algo más de apoyo docente.

Además del aprendizaje supervisado y no supervisado, existen otros enfoques relevantes. Uno de ellos es el **aprendizaje por refuerzo.** Es decir, un sistema que aprende mediante el mecanismo prueba y error, recibiendo las bien llamadas "recompensas" cuando acierta. Se usa, por ejemplo, en robots educativos o en sistemas que deben tomar decisiones en tiempo real.

El aprendizaje automático donde un agente (como un robot o IA) interactúa con un entorno, tomando acciones, tiene consecuencias:

➲ Si son correctas, el agente recibe una recompensa (por ejemplo, un trofeo).
➲ Si se equivoca, no recibe nada o incluso obtiene un castigo (como volver al inicio).

⊃ A través de un bucle de retroalimentación el agente aprende de sus errores y aciertos ajustando su comportamiento hasta alcanzar su objetivo con éxito. Reconocerás que este enfoque imita el modo en que las personas aprendemos por propia experiencia.

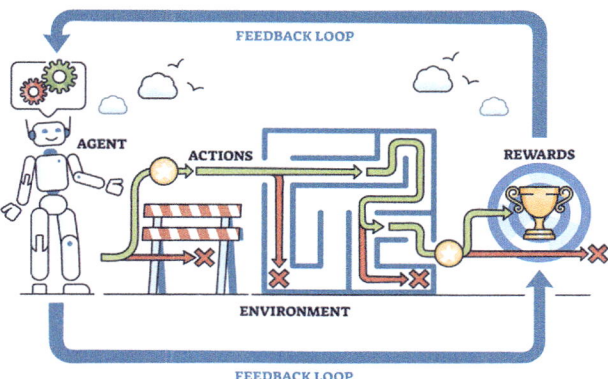

Representación de aprendizaje por refuerzo

Otro tipo más de modelo de IA es el **aprendizaje profundo o *deep learning*.** En esta ocasión, utiliza **redes neuronales artificiales** inspiradas en la manera en la que funcionan las neuronas del cerebro humano. Es la base de tecnologías como ChatGPT, permitiendo que la IA procese texto, imagen o sonido con gran grado de complejidad. Sin embargo, aunque sistemas como ChatGPT generan contenido de alta calidad, **no piensan ni comprenden** como lo hacen las personas. Su conocimiento es limitado por los datos con los que fueron entrenados. También hay que considerar que son susceptibles de cometer errores, inventar información y lo que es peor, reproducir sesgos.

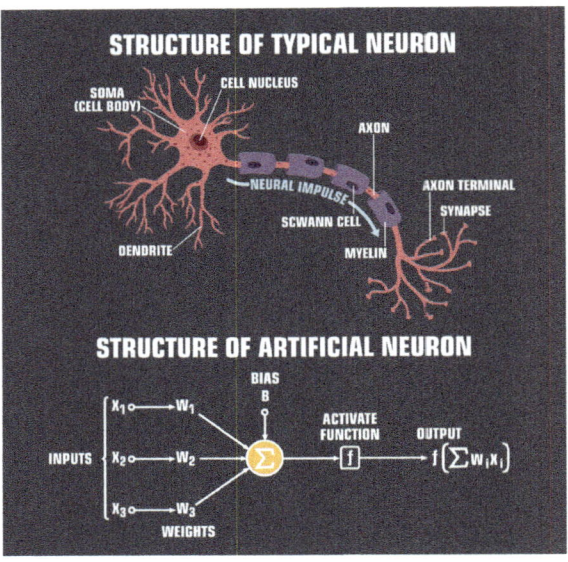

Representación de la estructura de una neurona artificial vs. neurona natural

En la parte superior de la imagen se muestra una **neurona biológica** (típica del cerebro humano). Esta neurona recibe señales a través de sus **dendritas,** las procesa en el **soma** (cuerpo celular) y envía una respuesta eléctrica a lo largo del **axón** hasta la **sinapsis,** donde se conecta con otras neuronas. Este proceso permite que el cerebro **aprenda, sienta, piense y recuerde** mediante conexiones entre millones de neuronas.

Por otro lado, en la parte inferior de la imagen se muestra la **neurona artificial** (usada en el aprendizaje profundo o *deep learning).* Aquí, los *inputs* (**entradas**) representan datos como texto, imágenes o números. Cada entrada tiene un **peso** *(weight)* que indica su importancia. La neurona suma las entradas ponderadas, añade un **sesgo** *(bias)* y pasa el resultado por una **función de activación** que decide si se "activa" o no. Finalmente, produce una **salida** *(output)* que se transmite a la siguiente capa de la red neuronal.

 ## APLICACIÓN PRÁCTICA

Un docente explica a su alumnado que la IA generativa funciona igual que cualquier otra IA, porque únicamente clasifica datos y predice

Continúa en página siguiente >>

<< Viene de página anterior

resultados. Según él, no hay diferencia con los modelos que se limitan a etiquetar o agrupar información. ¿Cómo puede el alumnado demostrar que esta afirmación no es del todo correcta y, al mismo tiempo, transformar la explicación en una oportunidad para comprender mejor la IAGen?

Solución

Recordar que la IA generativa no solo clasifica, sino que crea contenido nuevo (texto, imágenes, sonido) a partir de patrones aprendidos, mostrando ejemplos como ChatGPT o generadores de imágenes.

La opción correcta permite al alumnado identificar la diferencia clave de la IAGen frente a otros tipos de IA. Esto es, no se limita a ordenar o predecir, sino que produce resultados originales. Al mencionar ejemplos como la creación de textos, imágenes o sonidos a partir de *prompts,* los estudiantes entienden mejor su potencial y limitaciones. Esto coincide con lo planteado por autores como Lim *et al.* (2023) y Uc-Cetina *et al.* (2023), quienes destacan que la IA generativa debe entenderse como un modelo probabilístico entrenado con grandes volúmenes de datos, que no razona como los humanos, pero sí puede generar contenidos útiles en contextos educativos.

- -

3. IA en la escuela: usos actuales y proyecciones educativas

 HILO CONDUCTOR

Motivada, Clara busca ejemplos concretos de cómo otros están usando IA en educación. Se sorprende al encontrar proyectos en escuelas similares a la suya, donde se crean materiales, se apoya la inclusión o se personaliza el aprendizaje. Clara empieza a imaginar cómo estas posibilidades podrían adaptarse a su realidad. Ya no es solo curiosidad: ahora hay inspiración.

- -

Como docente, resulta fundamental que comiences a familiarizarte desde ya con las herramientas de IA generativa, especialmente aquellas de código abierto. Su uso te brindará **ventajas significativas en distintos aspectos de tu práctica profesional y en proyecciones futuras.** Sin embargo, antes de adentrarte en ellas, es importante comprender cuáles son los beneficios concretos que esta tecnología puede aportarte en tu labor educativa:

Optimización del tiempo:

- Permiten automatizar tareas repetitivas como generar cuestionarios, rúbricas o resúmenes.
- Facilitan la planificación de clases y la preparación de materiales en menos tiempo.

Diversificación de recursos didácticos:

- Con ellas se pueden crear textos adaptados, imágenes, simulaciones, audios o presentaciones de forma muy rápida.
- Favorecen la creación de contenidos personalizados según el nivel, intereses o necesidades del alumnado.

Aprendizaje más inclusivo y accesible:

- Las IA permiten adaptar materiales para estudiantes con distintas capacidades (lectura simplificada, transcripciones, traducciones, voz sintetizada, etc.).
- Ofrecen recursos para superar barreras lingüísticas o de comprensión.

Fomento de la creatividad docente:

- Amplían el repertorio de actividades innovadoras (relatos interactivos, entornos de *role play,* aprendizaje basado en proyectos con simulaciones, etc.).
- Inspiran nuevas formas de enseñar, motivando tanto al profesorado como al alumnado.

Evaluación y retroalimentación más eficiente:

- Generan ejercicios personalizados y retroalimentación automática.
- Ayudan a diseñar pruebas diferenciadas y a detectar carencias en el aprendizaje.

Actualización profesional:

- El manejo de estas herramientas sitúa al docente en la vanguardia educativa.

↻ Refuerza su rol como mediador crítico frente a la tecnología, enseñando también a los estudiantes un uso responsable de la IA.

IMPORTANTE

Conocer estas herramientas no es solo una cuestión de eficiencia, sino también de calidad pedagógica, inclusión y adaptación a los nuevos escenarios educativos. Del mismo modo, el empleo de herramientas de IA generativa en el aula no solo transforma la práctica docente, sino que también impacta directamente en el aprendizaje y en el desarrollo del alumnado, ofreciendo experiencias motivadoras y difíciles de olvidar. Por ejemplo, en una clase de Lengua y Literatura, el uso de una herramienta de IA generativa te puede ayudar a que tu alumnado se enfoque a crear un cuento colaborativo explorando múltiples caminos narrativos. De este modo, se fomenta la creatividad, el pensamiento divergente y la capacidad de imaginar nuevas posibilidades que enriquecen su proceso de aprendizaje.

Ahora tendrás la oportunidad de conocer numerosas herramientas de inteligencia artificial generativa organizadas según lo que pueden hacer. Es cierto que cada día aparecen nuevas, pero no necesitas probarlas todas, lo verdaderamente importante es que empieces a usarlas para que pierdas el miedo. Verás que, aunque cambien los nombres o las interfaces, suelen funcionar de manera muy parecida. Lo esencial es practicar para que te sientas con mayor confianza y puedas aprovechar estas herramientas como aliadas en tu labor educativa.

3.1. Herramientas de generación, análisis y búsqueda de texto

Imagina que tienes a tu alcance un abanico de asistentes digitales capaces de ir más allá del típico buscador tradicional. Estas herramientas de búsqueda y generación de texto con IA no solo localizan información, sino que también te ayudan a crear contenido nuevo y adaptado a tus necesidades formativas. Con solo unos clics puedes desde redactar un correo dirigido a padres y madres o preparar un ejercicio de programación hasta resumir un vídeo extenso de YouTube o generar una explicación mucho más clara y didáctica para tu alumnado:

➲ **Copilot:** te permite realizar búsquedas conversacionales y generar textos o códigos directamente en el navegador Bing. Como docente, puede ayudarte a preparar clases más rápido, redactar materiales o incluso crear ejemplos de programación listos para usar en tus asignaturas.

https://redirectoronline.com/iadocentes0112

➲ **Gemini:** es el asistente conversacional de Google. Su valor en el aula está en ofrecerte información actualizada y organizada, ideal para complementar tus clases con datos recientes o para crear actividades basadas en contenidos de actualidad.

https://redirectoronline.com/iadocentes0113

➲ **ChatGPT:** es una de las herramientas más versátiles: te ayuda a responder preguntas complejas, generar guías de estudio, diseñar actividades y hasta redactar rúbricas o evaluaciones. Es como tener un copiloto pedagógico que potencia tu creatividad docente.

https://redirectoronline.com/iadocentes0114

⮎ **Perplexity:** la ventaja de Perplexity es que siempre incluye las referencias de donde toma la información. Esto lo convierte en un gran aliado para enseñar a tu alumnado a investigar con rigor académico y a citar fuentes confiables.

https://redirectoronline.com/iadocentes0115

⮎ **Summarize:** resume vídeos de *YouTube* o conferencias largas. Perfecto para ti cuando quieras preparar una clase sin ver el vídeo completo o dar a tus estudiantes un resumen claro para trabajar sobre él.

https://redirectoronline.com/iadocentes0116

⮎ **Presentations:** genera presentaciones automáticamente a partir de un tema que escribas. Ahorra tiempo en la preparación de diapositivas y te permite centrarte en la explicación y en la interacción con el alumnado.

https://redirectoronline.com/iadocentes0117

➲ **ChatPDF:** puedes conversar con un PDF, resumiéndolo o respondiendo preguntas sobre él. Útil para analizar artículos científicos, reglamentos o manuales y adaptarlos a materiales más accesibles para tus clases.

https://redirectoronline.com/iadocentes0142

➲ **DeepL:** es un traductor de gran calidad. Como docente, lo puedes usar para preparar materiales en varios idiomas, apoyar a estudiantes bilingües o generar recursos para clases de idiomas.

https://redirectoronline.com/iadocentes0118

➲ **Grammarly:** revisa ortografía, gramática y estilo. Aporta un gran valor en la corrección de textos académicos, ya sea para guiar a tu alumnado en la redacción o para mejorar la calidad.

https://redirectoronline.com/iadocentes0119

⊃ **Mónica:** es un *plugin* de navegador, esto es, funciona como un "asistente de navegación" conectado a varios modelos de IA. Te ayuda a investigar en internet con mayor rapidez y a organizar la información que encuentras para tus clases.

https://redirectoronline.com/iadocentes0120

⊃ **Humata:** lee documentos extensos y responde preguntas sobre ellos. Te ahorra tiempo al analizar informes, planes de estudio o investigaciones, y puedes usarlo para enseñar a tu alumnado a trabajar con documentos académicos trabajando el pensamiento crítico.

https://redirectoronline.com/iadocentes0121

3.2. Aplicaciones de IA para potenciar la investigación y el aprendizaje académico

En este apartado descubrirás un conjunto de herramientas creadas específicamente para enriquecer tu labor educativa e impulsar la práctica académica. Podrás explorar, por ejemplo, cómo transformar simples esquemas en atractivos pódcasts o cómo acceder de manera rápida a respuestas extraídas de artículos de investigación:

➲ **WonderCraft:** convierte esquemas o textos en pódcasts. Para ti, como docente, es una manera de transformar tus apuntes o guías en contenidos auditivos que tu alumnado puede escuchar en cualquier momento. Con ello, favorecerás el aprendizaje autónomo.

https://redirectoronline.com/iadocentes0122

➲ **Consensus:** busca y sintetiza información en artículos de investigación; puedes acceder rápidamente a evidencias científicas. Esto te permitirá enriquecer tus clases con información actualizada y sobre todo confiable. Con ello, podrás enseñar a tu alumnado desde el principio a fundamentar con rigor académico.

https://redirectoronline.com/iadocentes0123

➲ **Quizgecko:** genera cuestionarios a partir de textos, páginas web o documentos. Te facilita diseñar evaluaciones y actividades de repaso en minutos, personalizándolas según los contenidos que estés trabajando en el aula.

https://redirectoronline.com/iadocentes0124

⮌ **Photomath:** resuelve problemas matemáticos a partir de una foto. Es capaz de explicar el procedimiento paso a paso. Esto es muy útil para acompañar al alumnado con dificultades en matemáticas, reforzando la comprensión de los procesos matemáticos.

https://redirectoronline.com/iadocentes0125

⮌ **Teachable Machine:** te permite crear modelos de aprendizaje automático de forma sencilla. En el aula, lo puedes usar para proyectos de ciencias o tecnología, acercando al alumnado al mundo de la IA de manera práctica y accesible, sin necesidad de programar.

https://redirectoronline.com/iadocentes0126

⮌ **Tutor AI:** funciona como un tutor virtual que adapta la búsqueda de información al ritmo y estilo de aprendizaje del estudiante. Puede servirte para ofrecer un apoyo más personalizado, permitiendo que cada alumno explore contenidos de acuerdo con sus necesidades.

https://redirectoronline.com/iadocentes0127

Hasta ahora has visto dos grandes grupos de recursos de IA generativa:

➲ Por un lado, las **herramientas de búsqueda y generación de texto,** que te ayudan a redactar, organizar ideas o preparar materiales;

➲ y por otro, las **herramientas académicas específicas,** diseñadas para crear cuestionarios, resolver problemas matemáticos o adaptar la enseñanza al ritmo de cada estudiante.

Con idea de que tengas una visión aún más práctica, encontrarás a continuación un **listado organizado por categorías** (creación de contenidos, generación de imágenes, evaluación, simulaciones o gestión docente). De esta forma podrás identificar con mayor rapidez qué herramienta utilizar en cada momento y cómo integrarla en tu práctica diaria, ya sea para planificar, enseñar, evaluar o acompañar el aprendizaje de tu alumnado:

➲ **Herramientas de generación y análisis de texto:**

  ◑ **LLaMA.** Desarrollado por el equipo de Meta AI. Es de código abierto. Se trata de un modelo de lenguaje descargable y adaptable en local, perteneciente a la categoría de chatbots educativos y de análisis de texto.
  Está dirigido al uso docente para la creación de tutores personalizados o asistentes de escritura.

https://redirectoronline.com/iadocentes0128

  ◑ **BLOOMZ.** Desarrollado por el equipo de BigScience. Es de código abierto. Gran modelo multilingüe entrenado de forma colaborativa. Sus usos son para la traducción, escritura académica y análisis de texto.
  Está dirigido al uso docente para el apoyo en contextos multilingües y proyectos de investigación.

https://redirectoronline.com/iadocentes0129

◉ **Mistral AI.** Modelos pequeños pero muy potentes y eficientes. Es de código abierto, que sirve para la creación de contenidos y como asistentes educativos.

Se suelen utilizar en docencia como chatbots ligeros para acompañar tareas o proyectos.

https://redirectoronline.com/iadocentes0130

◗ **Generación de imágenes, audio y vídeo:**

◉ **Stable Diffusion.** Se trata de un generador de imágenes y recursos visuales de código abierto. Suele utilizarse en docencia para ilustrar conceptos abstractos, elaborar infografías y cualquier tipo de material didáctico.

https://redirectoronline.com/iadocentes0131

◉ **Leonardo AI.** Ofrece la posibilidad de acceso con registro. Sirve para la generación de gráficos, escenarios o prototipos visuales. Fomenta la creatividad y el uso de recursos visuales. Crea imágenes para presentaciones y simulaciones.

https://redirectoronline.com/iadocentes0132

◊ **Audacity +** *plugins* **de IA.** Editor de audio con complementos de IA para limpiar voces y generar narraciones. Entra dentro de la categoría de herramientas para la creación de recursos sonoros. Con este recurso puedes grabar pódcasts educativos o narrar textos de clase.

https://redirectoronline.com/iadocentes0133

➲ **Evaluación y retroalimentación:**

◊ **Rubi AI.** Plataforma de código abierto para generar y aplicar rúbricas con IA. Entra dentro de la categoría de recursos con IA para realizar evaluaciones y retroalimentación. Una buena herramienta para proporcionar un *feedback* personalizado y una auténtica evaluación.

https://redirectoronline.com/iadocentes0134

↻ **LightTag.** Anotador de textos con IA de código abierto. Es muy útil para el análisis y la evaluación de textos. Por ejemplo, con este recurso puedes hacer un seguimiento de comprensión lectora al mismo tiempo que analizas textos.

https://redirectoronline.com/iadocentes0135

➲ **Enseñanza y simulaciones:**

↻ **OpenAI Gym.** Simulador de entornos de aprendizaje por refuerzo, también de código abierto. Sirve para experimentar, por lo que es muy útil en ciencias, matemáticas aplicadas, lógica y resolución de problemas.

https://redirectoronline.com/iadocentes0136

➲ **Presentaciones y organización docente:**

↻ **Marp.** Recurso creado por el ecosistema de presentaciones de Markdown y de código abierto. Te valdrá para crear presentaciones con un diseño rápido de diapositivas.

https://redirectoronline.com/iadocentes0137

↻ **Notion AI.** En su versión gratuita te ayudará a organizar documentos, notas y planes de estudio con IA. Es, por tanto, una excelente herramienta para la gestión educativa y la planificación. También ayudará para crear comunicados y materiales de coordinación.

https://redirectoronline.com/iadocentes0138

Como docente, sabes que no basta con conocer muchas herramientas. Teniendo en cuenta que cada día nacen nuevos recursos basados en IA, lo importante es tener claro **cuándo y cómo usarlas** para que realmente marquen la diferencia en tu actividad. Por eso, este consejo te ofrece unas claves didácticas que te guiarán en la integración de la IA generativa en distintas fases de tu trabajo diario, desde la planificación hasta el fomento de la creatividad en el aula:

En tareas de planificación

- Utiliza la IA para generar esquemas de contenidos, rúbricas de evaluación o propuestas de actividades diferenciadas según el nivel del alumnado. Así ahorrarás tiempo en tareas repetitivas y podrás dedicar más energía a lo que realmente importa: la enseñanza. Utiliza asistentes de texto como LLaMA, ChatGPT o Notion AI.

En tareas de enseñanza

- Apóyate en la IA para crear ejemplos personalizados, casos prácticos o simulaciones que conecten con la realidad del alumnado. La clave no es sustituir tu experiencia, sino enriquecerla con recursos que hagan tus sesiones más dinámicas y participativas. Apóyate en Teachable Machine o TutorAI para personalizar.

Continúa en página siguiente >>

<< Viene de página anterior

En tareas de evaluación

- Diseña cuestionarios adaptados a distintos niveles, elabora rúbricas claras y objetivas, genera retroalimentación inmediata que ayude al estudiante a mejorar o incluso detecta patrones de error comunes para ajustar tu estrategia docente. De este modo, la IA no sustituye tu criterio pedagógico, sino que lo potencia, permitiéndote centrarte en la interpretación de resultados y en el acompañamiento personalizado que cada estudiante necesita. Aprovecha herramientas como Quizgecko y Rubi AI para agilizar procesos.

En tareas de retroalimentación

- Aprovecha la IA para diseñar cuestionarios automáticos, generar *feedback* inmediato o detectar patrones en las dificultades de tus estudiantes. Esto te permitirá anticiparte a sus necesidades y ajustar la enseñanza en tiempo real. Utiliza ChatGPT y Grammarly, que ayudan a dar *feedback* inmediato.

En tareas creativas

- Plantea retos en los que los estudiantes usen la IA para crear presentaciones, historias, prototipos o soluciones innovadoras a problemas reales. De este modo, no solo aprenden contenidos, sino también a convivir con una herramienta que será parte de su futuro profesional. Recuerda: Stable Diffusion, Marp y Audacity permiten recursos multimodales.

 CONSEJO

No olvides que la clave no es utilizar más IA, sino emplearla de la mejor manera. Convierte la IA en una aliada estratégica que te ayude a multiplicar tu impacto como docente.

 **PARA SABER MÁS**

La *Tabla periódica de apps gratuitas de inteligencia artificial* no es solo una imagen decorativa, sino que funciona como un recurso **interactivo:** desde el enlace puedes pulsar en cada icono y acceder directamente a la aplicación que te interese.

https://redirectoronline.com/iadocentes0101

Mapa interactivo diseñado para explorar distintas herramientas y recursos educativos basados en IA.

Eso significa que puedes:

- **Explorar por categorías** (texto, imagen, audio, vídeo, productividad, etc.).
- **Acceder al sitio oficial de cada** *app* sin necesidad de buscarlas en internet.

Continúa en página siguiente >>

<< Viene de página anterior

- Usar la tabla como un **laboratorio práctico,** probando de manera ágil qué herramienta encaja mejor con tu necesidad educativa. No olvides antes definir tu necesidad.

Utiliza esta tabla como recurso. Haz clic en la *app* de la tabla que se relacione con tu área de interés y experimenta con un caso real dentro del contexto de tu aula. Por ejemplo, pídele a una IA de texto que genere una rúbrica o a una IA de imagen que cree un recurso visual.

Otro ejemplo sería crear una imagen educativa con IA generativa siguiendo estos pasos:

1. **Selecciona una herramienta adecuada** como **Craiyon** (modelos de IA que generan imágenes a partir de descripciones en texto).

https://redirectoronline.com/iadocentes0102

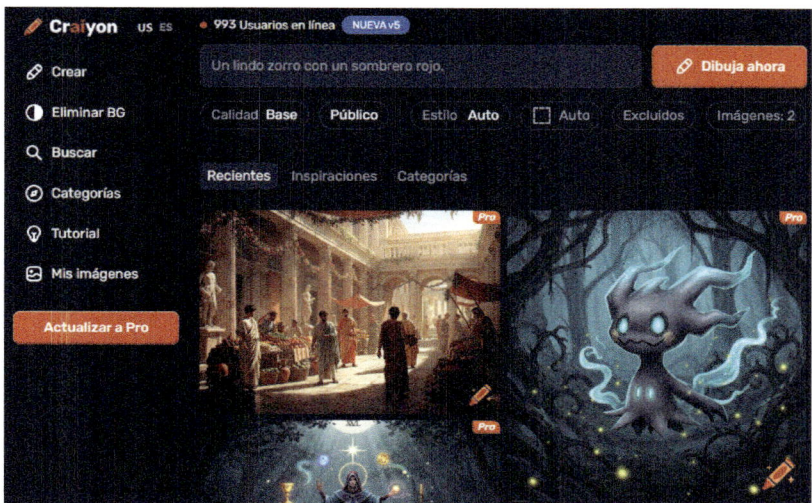

Continúa en página siguiente >>

<< Viene de página anterior

2. **Define la necesidad pedagógica.** En este caso, una ilustración clara y visual sobre el ciclo del agua.
3. **Redacta un *prompt* sencillo pero eficaz.** Escribe una instrucción como: "Dibuja el ciclo del agua en un estilo educativo y en inglés, con flechas que muestren evaporación, condensación, precipitación e infiltración, colores vivos y aspecto infantil para estudiantes de secundaria".

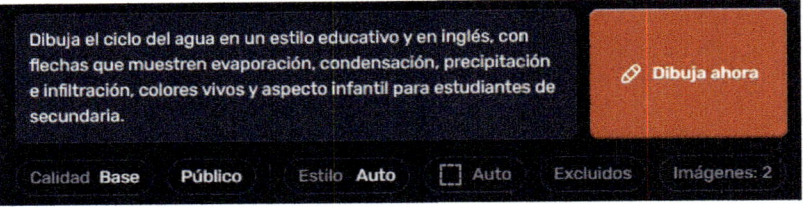

4. **Evalúa y aplica.** Revisa la imagen generada, ajusta el *prompt* si fuera necesario y, finalmente, utiliza la ilustración en tu clase como apoyo visual para explicar el tema del día.

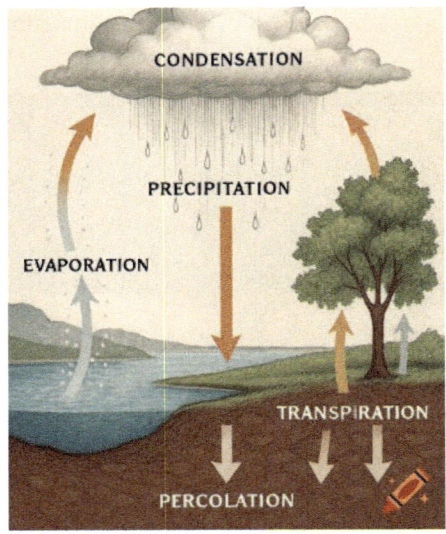

Seguidamente vas a ver un vídeo que presenta ejemplos concretos de cómo la inteligencia artificial generativa permite ser aplicada en el ámbito educativo. Con los casos propuestos, descubrirás cómo la IA está transformando la manera de diseñar materiales, personalizar el aprendizaje y fomentar la creatividad en el aula.

 VÍDEO

A través de las aplicaciones propuestas en el vídeo titulado ***Ejemplos de aplicaciones de IA Generativa en la educación*** podrás observar de forma concreta cómo la IA se convierte en una aliada para personalizar aprendizajes, crear materiales innovadores y ahorrar tiempo en la preparación de recursos.

https://redirectoronline.com/iadocentes0103

 TAREA 1

María es profesora de secundaria y quiere preparar una clase sobre literatura contemporánea. Suele dedicar mucho tiempo a crear materiales de apoyo y actividades para su alumnado, pero recientemente escuchó hablar de aplicaciones gratuitas de inteligencia artificial que pueden ayudarle a ahorrar tiempo y a innovar en el aula.

Está interesada en probar alguna de ellas, pero no sabe por dónde empezar ni cómo elegir la más adecuada para su práctica docente.

En este contexto y teniendo en cuenta la *Tabla periódica de apps gratuitas*, ¿qué pasos le recomendarías a María para que pueda seleccionar y experimentar con una primera herramienta de IA generativa en su clase?

4. Introducción a herramientas IA conversacionales

Una compañera le comparte un chatbot educativo y Clara decide probarlo. Escribe una pregunta sencilla… y la respuesta le asombra por su claridad. Pronto, descubre que estos asistentes no solo resuelven dudas, sino que pueden ayudar a planificar, redactar, evaluar, etc. Clara siente que ha abierto una nueva puerta: el diálogo con la IA.

Las **herramientas de IA conversacionales,** conocidas comúnmente como **chatbots,** son programas capaces de mantener un diálogo contigo en lenguaje natural o lenguaje humano como si estuvieras chateando con otra persona. Su funcionamiento se basa en interpretar tus instrucciones *(prompts)* y generar respuestas útiles, coherentes y adaptadas al contexto que les proporciones. En la práctica docente, estos asistentes son muy útiles para **planificar clases, redactar actividades, diseñar evaluaciones o proponer dinámicas de aula,** siempre como apoyo a tu criterio pedagógico. La clave está en verlos como aliados que agilizan tu trabajo y te inspiran nuevas ideas, no como sustitutos de tu labor docente.

Un chatbot como ChatGPT funciona gracias a modelos entrenados para comprender y generar texto. Tú escribes o lanzas un mensaje de voz a modo de instrucción y recibirás una respuesta del chatbot perfectamente adaptada al contexto.

(© Fotografía: Muhammad S0hail/ Shutterstock) Cuanta mayor claridad y nivel de detalle tenga tu prompt, mejores resultados obtendrás.

 **DEFINICIÓN**

Prompt

Instrucción o pregunta que se escribe para hablar con la IA.

- -

Por ejemplo, si escribes "Diseña una rúbrica sencilla para evaluar una exposición oral en 3.º de ESO, con tres niveles de desempeño", el chatbot generará un esquema que luego podrás ajustar a tu clase.

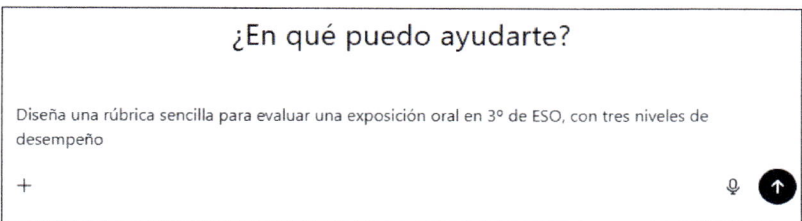

Ejemplo de prompt donde se pide a la IA que diseñe una rúbrica sencilla para evaluar una exposición oral en 3.º de ESO.

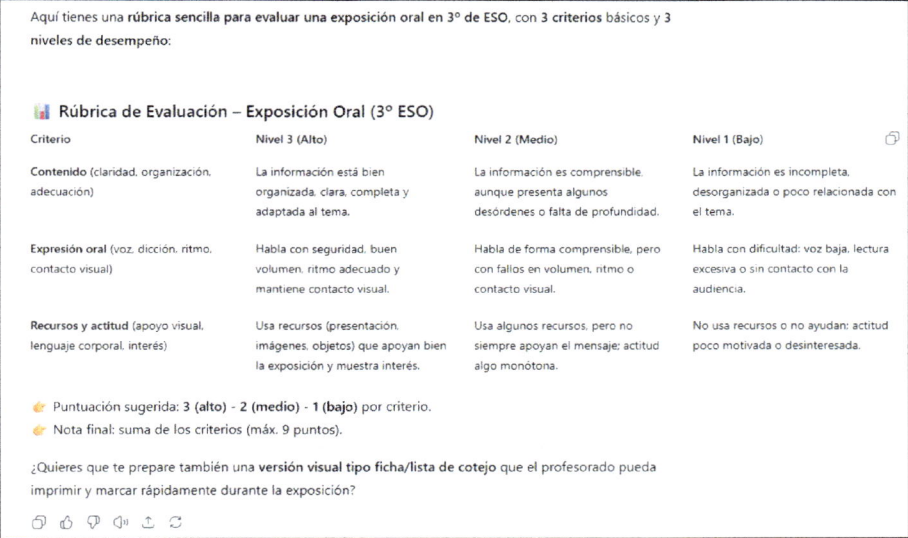

Respuesta generada por el chatbot, una rúbrica con criterios y niveles de desempeño lista para aplicar en el aula.

Los chatbots no solo sirven para responder preguntas rápidas o explicar conceptos. Si los miras como **asistentes conversacionales,** verás que pueden ayudarte en diferentes áreas de tu trabajo. Eso sí, recuerda siempre que la decisión final es tuya. La IA propone, pero tú validas, adaptas y decides cómo aplicarlo:

Liderazgo educativo
- Descubre cómo pedirle que redacte borradores de visión y misión de tu centro o que sugiera objetivos estratégicos. También puede ayudarte a definir correctamente objetivos SMART (específicos, medibles, alcanzables, realistas y acotados en el tiempo).

Gestión pedagógica
- Mira cómo con un *prompt* claro puede ayudarte a actualizar la normativa de evaluación o crear proyectos pedagógicos.

Convivencia escolar
- Explora ejemplos de protocolos de prevención de conflictos y convivencia que luego podrás ajustar a tu realidad.

Gestión de recursos
- Se realizan estrategias sobre las redes o medios socAprende a generar formularios para proyectos gamificables, o bien propuestas de vinculación con la comunidad docente.

NOTA

Piensa en el chatbot como ese amigo que nunca se cansa de contestar y siempre tiene una idea a mano. Pero eres tú quien supervisa y garantiza que la información proporcionada tenga sentido dentro del contexto y el objetivo de trabajo.

5. Casos reales: cómo otros docentes están usando IA

 HILO CONDUCTOR

Nuestra profesora asiste a una sesión virtual donde otros docentes comparten sus experiencias. Hay quien usa IA para adaptar tareas a estudiantes con necesidades específicas; otra docente crea juegos interactivos con ayuda de un generador de texto. Clara ya no se siente sola: hay una comunidad que experimenta, se equivoca y, sobre todo, aprende.

- -

La mejor manera de comprender el potencial de la inteligencia artificial generativa en el sector educativo es observar lo que ya están haciendo otros docentes.

 **NOTA**

En diferentes contextos, la IA se ha convertido en una herramienta práctica que inspira, ahorra tiempo y permite innovar.

- -

Los siguientes casos reales propuestos por la Facultad de Educación de la Universidad del Desarrollo, extraídos del manual de *Uso de ChatGPT para líderes escolares* (Rojas & Galilea, 2023) confirman que la IA no reemplaza al profesorado, sino que abre un mundo a nuevas posibilidades. Pero debes recordar que el papel del docente sigue siendo fundamental: **validar, ajustar y enriquecer las propuestas generadas por la máquina.**

5.1. Escuela El Albaicín

Por ejemplo, en la Escuela El Albaicín se utilizó ChatGPT para elaborar objetivos estratégicos dentro de su Plan de Mejora Educativa. De acuerdo con Rojas y Galilea (2023), a partir de un *prompt* concienzudamente diseñado, el equipo directivo recibió propuestas claras que luego fueron validadas por la propia comunidad escolar.

El proceso siguió cuatro pasos clave:

1. **Contexto.** Se presentó a la IA un panorama detallado de la escuela: su visión, misión, sellos institucionales y desafíos actuales. Entre los datos relevantes estaba la alta matrícula de estudiantes prioritarios e inmigrantes (81 %), los resultados fluctuantes en pruebas SIMCE de Lenguaje y Matemática, así como la necesidad de actualizar el Plan de Mejoramiento Educativo (PME). Este contexto permitió que la IA entendiera la realidad de la institución y no generara respuestas genéricas.
2. **Tarea.** La instrucción específica fue: "Formular dos objetivos estratégicos para la dimensión de gestión pedagógica". Es decir, no se pidió un plan completo ni un listado de actividades, sino un producto muy acotado y útil para orientar el trabajo del equipo directivo.
3. **Instrucción específica.** Se utilizó una fórmula sencilla y efectiva para guiar a la IA:

> Verbo en infinitivo + complemento + sujeto
> + finalidad u objetivo + contextualización

Por ejemplo: "Sistematizar las prácticas pedagógicas de los docentes con el objetivo de potenciar habilidades cognitivas y generar condiciones de aprendizaje equitativas".

Como resultado, ChatGPT devolvió propuestas concretas y coherentes. Entre ellas, respondió a dos objetivos claros:

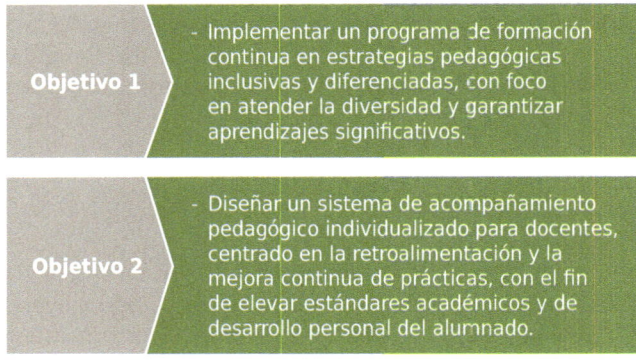

Objetivo 1
- Implementar un programa de formación continua en estrategias pedagógicas inclusivas y diferenciadas, con foco en atender la diversidad y garantizar aprendizajes significativos.

Objetivo 2
- Diseñar un sistema de acompañamiento pedagógico individualizado para docentes, centrado en la retroalimentación y la mejora continua de prácticas, con el fin de elevar estándares académicos y de desarrollo personal del alumnado.

IMPORTANTE

Estos objetivos no se aplicaron de forma automática, ya que el equipo escolar los revisó, discutió y adaptó, validando que estuvieran alineados con la identidad del centro (misión, visión y valores), además de las necesidades reales del alumnado.

- -

5.2. Liceo Bicentenario El Alhambra

Otro caso es el del Liceo Bicentenario El Alhambra, donde los equipos docentes pidieron a la IA que les ayudara a diseñar una pauta de acompañamiento para observar y retroalimentar la práctica pedagógica. En consonancia con estos autores, los resultados coincidieron con los lineamientos oficiales de evaluación docente en la Facultad de Educación (Rojas & Galilea, 2023), reforzando la pertinencia del uso de la IA en estos procesos.

El trabajo se estructuró en cuatro fases:

1. **Contexto.** Se entregó a la IA información clave sobre la institución:

   ↻ **Visión:** ser un centro educativo líder, inclusivo e innovador, que inspire a la juventud a convertirse en ciudadanos/as íntegros/as y críticos/as.
   ↻ **Misión:** entregar una educación integral y de calidad que fomente pensamiento crítico, creatividad, respeto a la diversidad y responsabilidad cívica.
   ↻ **Sellos institucionales:** colaboración, excelencia y calidad. También se describió la situación docente (45 profesores, evaluaciones con distintos niveles de desempeño) y los resultados académicos en pruebas SIMCE de Lectura y Matemática, donde se evidenciaban desafíos persistentes.

2. **Tarea.** Con este antecedente, se formuló la siguiente instrucción: "Crea una pauta de acompañamiento docente para el Liceo El Alhambra".
3. **Instrucción específica.** Se indicó a la IA que la pauta debía contemplar **cuatro criterios con indicadores asociados,** vinculados a:

   ↻ Aprendizaje y desarrollo de los estudiantes.
   ↻ Conocimiento disciplinar, didáctico y del currículum escolar.

ひ Planificación de la enseñanza.
ひ Planificación de la evaluación.

Esta estructura permitió orientar la respuesta hacia un documento técnico, alineado con las prácticas de evaluación.

Como resultado, la IA generó una **pauta de acompañamiento docente** con criterios e indicadores detallados. Entre ellos, los siguientes:

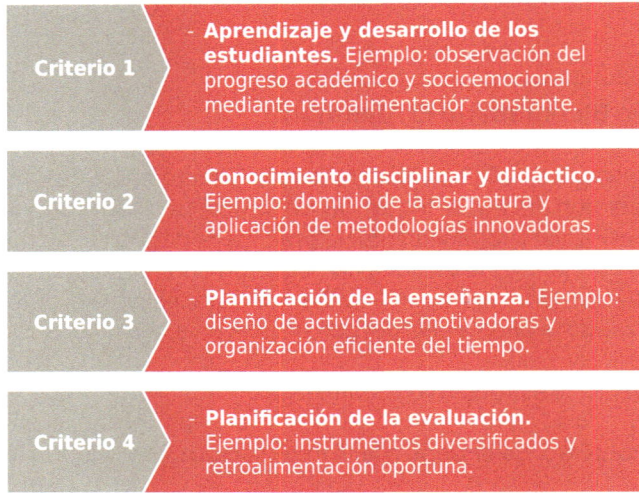

Criterio 1 — **Aprendizaje y desarrollo de los estudiantes.** Ejemplo: observación del progreso académico y socioemocional mediante retroalimentación constante.

Criterio 2 — **Conocimiento disciplinar y didáctico.** Ejemplo: dominio de la asignatura y aplicación de metodologías innovadoras.

Criterio 3 — **Planificación de la enseñanza.** Ejemplo: diseño de actividades motivadoras y organización eficiente del tiempo.

Criterio 4 — **Planificación de la evaluación.** Ejemplo: instrumentos diversificados y retroalimentación oportuna.

 SABÍAS QUE...

Los equipos docentes destacaron que los resultados proporcionados por la IA fueron claros, operativos y ajustados a las normativas vigentes. Esto confirma que la tecnología puede ser un apoyo real en la construcción de instrumentos de gestión pedagógica, siempre y cuando exista la adecuada revisión y validación por parte de la comunidad educativa.

5.3. Liceo Técnico Profesional El Generalife

Asimismo, en el Liceo Técnico Profesional El Generalife, la IA fue usada para reformular la misión y visión institucional. La evidencia presentada por la

Universidad del Desarrollo sugiere que estas propuestas, redactadas inicialmente por ChatGPT, sirvieron como base para que los equipos directivos renovaran sus documentos oficiales con mayor claridad y motivación (Rojas & Galilea, 2023).

El proceso se desarrolló en tres momentos clave:

1. **Contexto.** La IA recibió información detallada sobre la identidad del establecimiento:

   ◑ **Visión:** orientada al logro de aprendizajes significativos y a un ambiente seguro y enriquecedor.
   ◑ **Misión:** enfocada en la inclusión, la equidad, la convivencia democrática y la preparación de los estudiantes para un mundo globalizado.
   ◑ **Sellos institucionales:** integración de la diversidad y formación integral y de calidad. También se incluyeron antecedentes de la gestión escolar, como el ciclo de mejoramiento del PME, el estado de actualización del PEI y los resultados académicos en SIMCE, que mostraban desafíos pendientes.

2. **Tarea.** Con este contexto, se le indicó a la IA lo siguiente: "Reformula la visión y la misión del Liceo El Generalife".
3. **Instrucción específica.** Para asegurar la coherencia y calidad del resultado, se entregaron fórmulas:

   ◑ Visión

   > Verbo en infinitivo + frase significativa + mención a los sellos institucionales + orientación a la excelencia y mejora continua.

   ◑ Misión

   > Verbo en infinitivo + ideas fuerza sobre inclusión, equidad y ciudadanía + frase de cierre que aporte identidad institucional.

Esta estructura permitió que el texto generado mantuviera consistencia con los principios del proyecto educativo.

Como resultado ChatGPT devolvió versiones renovadas de misión y visión que luego fueron revisadas y validadas por la comunidad escolar:

Visión	- "Llevar a cabo el desarrollo de habilidades y competencias que impulsen una educación integral y significativa, en un entorno seguro y enriquecedor, donde se promueva la integración de la diversidad y se garantice una formación de calidad para todos los miembros de la comunidad educativa del Liceo Técnico Profesional El Generalife".
Misión	- "Impulsar el desarrollo integral de niños, niñas y adolescentes, promoviendo la inclusión, la equidad y la convivencia democrática. Buscamos brindar oportunidades de inserción social a nuestros estudiantes, preparándolos como ciudadanos en una sociedad globalizada y diversa, mediante una educación que reconoce y valora la diversidad individual y ofrece una formación de calidad adaptada a las demandas del siglo XXI".

NOTA

Estas versiones no fueron adoptadas de manera literal, pero **sirvieron como borradores iniciales** que inspiraron a los equipos directivos para fortalecer y clarificar sus propios documentos institucionales.

A nivel universitario, la Universidad Nacional Autónoma de México (UNAM) ha documentado interesantes experiencias en las que el profesorado utiliza la inteligencia artificial generativa como apoyo en la producción de materiales académicos. En particular, la IA se ha empleado para elaborar:

- ⮞ **Guías de estudio** con borradores iniciales que estructuran los contenidos y orientan a los estudiantes sobre qué aspectos priorizar en su preparación.
- ⮞ **Rúbricas de evaluación** con plantillas con criterios de desempeño que luego son afinadas por los docentes para garantizar objetividad y coherencia con los programas de estudio.
- ⮞ **Esquemas de investigación** u organizadores preliminares que ayudan a los estudiantes a visualizar objetivos, hipótesis y fases de un trabajo académico.

Según el Grupo Académico de Inteligencia Artificial Generativa en Educación (2025), estas producciones funcionan como **insumos iniciales** que nunca se aplican de forma automática en el aula.

NOTA

No olvides que el rol del docente es fundamental: revisa, adapta y valida los materiales para que estén alineados con las competencias del curso y con los objetivos de tu centro.

Esta buena práctica conecta con lo que ya subraya el *Manual de uso de ChatGPT para líderes escolares* (Rojas & Galilea, 2023), donde se enfatiza que la IA debe ser vista como un respaldo al trabajo humano y que es de total responsabilidad de la persona usuaria garantizar la exactitud de la información y su pertinencia pedagógica.

Lo mismo ocurre con lo que defiende la UNAM. Esta otra institución sostiene que la IA puede ser una aliada para la educación universitaria, útil para acelerar la elaboración de recursos académicos, pero cuyo verdadero valor emerge cuando el profesorado revisa los resultados de forma crítica, convirtiéndolos en instrumentos pedagógicos adaptados al alumnado universitario (Grupo Académico de Inteligencia Artificial Generativa en Educación UNAM, 2025).

- -

6. Actividad práctica: primer contacto con un chatbot – escribe tu primer *prompt*

 HILO CONDUCTOR

Llega el momento de experimentar por sí misma. Clara se anima a escribir su primer *prompt:* una actividad de comprensión lectora para su clase. El resultado le da ideas nuevas que no había considerado. Por primera vez, no siente que la IA le quita protagonismo: siente que la potencia.

- -

Toca imaginar que estás por abrir una puerta a un mundo para ti totalmente nuevo: la de **conversar de forma fluida con una inteligencia artificial.**

Este primer ejercicio no trata solo de hacerle preguntas a una máquina, sino de aprender a dar instrucciones claras y con propósito para obtener respuestas que sean verdaderamente útiles para tu práctica docente. Al igual que cuando das indicaciones a tu alumnado para obtener respuestas, la forma en que formulas tu *prompt* (es decir, la indicación a la máquina) marcará la diferencia en la calidad de la respuesta que recibirás de la IA.

Un prompt bien diseñado puede ahorrarte mucho tiempo de trabajo, al igual que podrá inspirarte nuevas ideas o incluso ayudarte a ver un tema desde un ángulo distinto.

A continuación, tendrás unas pautas que podrás seguir para poder elaborar un buen *prompt:*

- **Paso 1. Piensa en tu objetivo.** Antes de escribir, pregúntate: "¿Qué quiero conseguir? ¿Un ejemplo para mi clase, una explicación adaptada a cierto nivel, una rúbrica de evaluación, una actividad creativa?". Cuanto más claro sea tu objetivo, mejor será la respuesta del chatbot.
- **Paso 2. Contextualiza.** Igual que contextualizas a tu alumnado antes de iniciar un tema, la IA también necesita algo a modo de "escenario". Por ejemplo, contempla incluir información sobre el grupo (edad, curso, intereses), la materia y el propósito. Esto ayudará al chatbot a que la respuesta sea más pertinente.
- **Paso 3. Da la instrucción.** Tu instrucción debe ser lo más específica y directa posible. Evita frases vagas como "Explícame matemáticas". Prueba con algo más enfocado: "Explica el concepto de fracciones para estudiantes de 10 años usando un ejemplo con *pizzas* y preguntas de reflexión".
- **Paso 4. Experimenta y ajusta.** Si el resultado no te convence, ¡no pasa nada! Reformula, agrega detalles o pide alternativas. Interactuar con un chatbot es como ensayar distintas maneras de explicar un tema en clase: vas ajustando hasta encontrar la explicación que mejor funciona.

NOTA

Nano Banana es una herramienta con la que puedes editar y transformar imágenes mediante IA y utilizarlas como herramienta de clase o en tus presentaciones a la hora de preparar material educativo. Igual que con los chatbots, la calidad del resultado dependerá de tu *prompt:* cuanto más claro y específico es, más precisa será la imagen.

Toma nota para que puedas afinar en tu instrucción en Nano Banana.

1. Ajusta tu nivel de concreción. Describe sujeto, acción, colores, fondo y estilo, por ejemplo: "Cambia solo la camiseta a rojo y deja los tirantes en blanco; mantén el rostro y el fondo".
2. Utiliza una imagen de referencia cuando quieras conservar rasgos o la composición.
3. Añade detalles visuales como el ángulo de cámara, época, iluminación o material. Por ejemplo: "Vista a ras de suelo", "Tono sepia años 20", etc.
4. Pon límites como "No modifiques el fondo", "Mantén la pose", e itera hasta lograr el resultado que buscas.

Para activarlo entra en Google AI Studio con una cuenta de Google y habilita el **Modo Nano Banana.**

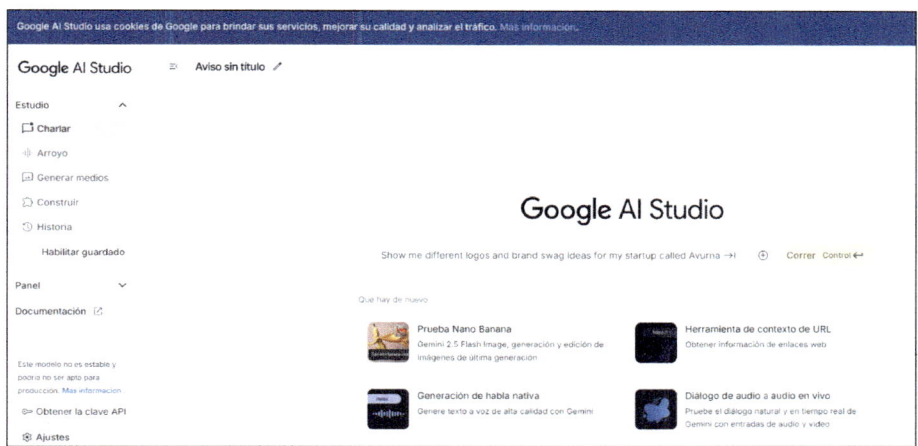

Nano Banana es una herramienta muy útil para diseñar materiales creativos, dinámicos y personalizados para tu aula. Fuente: Google AI Studio.

ACTIVIDAD COMPLEMENTARIA

1. Diseña y evalúa *prompts* que luego podrás utilizar en un chatbot educativo. Esta actividad no busca la perfección, sino descubrir el potencial de tener un asistente virtual listo para apoyarte. Con la práctica, aprenderás a conversar con la IA igual que lo haces con amigos en una sala de profesores: con claridad, propósito y creatividad.

   a. Piensa en un tema que vayas a trabajar esta semana en clase (por ejemplo, un contenido de ciencias, historia o literatura, etc.).
   b. Redacta, un *prompt* breve siguiendo la estructura: **contexto + tarea + instrucción.**
   c. Copia el *prompt* en el chatbot GPT y analiza la respuesta obtenida.
   d. Comparte tus observaciones y reflexiona sobre estas preguntas:

      ¿Te resultó útil la respuesta?
      ¿Qué le faltó o qué sobró?
      ¿Cómo podrías mejorar la instrucción para obtener un mejor resultado?

   e. Registra la siguiente información junto a tu grupo en un documento compartido:

      – El *prompt* original.
      – La respuesta obtenida.
      – Las mejoras propuestas de *prompt*.

---

7. *Prompts* educativos: cómo formularlos para obtener buenos resultados

 HILO CONDUCTOR

Intrigada, Clara quiere mejorar sus resultados y descubre que la clave está en cómo se formula la petición. Aprende a escribir *prompts* más claros y específicos, adaptados a su contexto. Jugar con las palabras se convierte en una nueva herramienta pedagógica.

Ahora que ya has experimentado con tu primer *prompt,* es momento de afinar la técnica. Al igual que cuando preparas una clase, el éxito no está en la improvisación, sino en planificar con antelación y con mucha claridad qué es lo que esperas lograr.

 **NOTA**

Un *prompt* educativo bien construido puede convertirse en una herramienta tan valiosa como un buen plan de aula.

Ya has podido intuir que los tres **componentes clave de un buen diseño de *prompt*** son el **contexto,** la **tarea** y una **instrucción** precisa. La estructura ***contexto + tarea + instrucción*** se ha validado en distintas guías de uso de IA generativa en el ámbito educativo.

> **Contexto**
> - *Explica la situación. ¿De qué nivel es tu alumnado? ¿Qué asignatura estás trabajando? ¿Qué estilo quieres (explicación sencilla, académica, creativa...)?*
> - *Eres profesor de Historia en 4.º de ESO, tus estudiantes tienen entre 15 y 16 años...*

> **Tarea**
> - *Eres profesor de Historia en 4.º de ESO, tus estudiantes tienen entre 15 y 16 años...*
> - **... prepara un breve texto explicando las causas de la Revolución francesa,**

> **Instrucción**
> - *Sé concreto en cómo debe entregar la información: extensión, formato (lista, tabla, esquema), nivel de detalle.*
> - *... resume en un máximo de 150 palabras y añade 3 preguntas abiertas para fomentar la reflexión.*

 **CONSEJO**

Ten en cuenta estos consejos para que tus *prompts* sean eficaces y eficientes:

- Cuida el detalle. Especifica el tono ("explicación sencilla y motivadora"), la extensión ("3 párrafos") o el formato ("tabla comparativa").
- Incorpora palabras clave que guíen a la IA hacia el contenido correcto.
- Itera a fin de pedir nuevas versiones o ajustes hasta obtener lo que necesitas verdaderamente.
- Valida siempre, es decir, revisa la información antes de usarla en clase.
- Usa *prompts* progresivos o empieza con preguntas simples y avanza hacia actividades más complejas que desarrollen pensamiento crítico.

Por ejemplo: "Actúa como profesor de Ciencias Naturales de 1.º de ESO. Explica el ciclo del agua en un texto breve de 3 párrafos, con ejemplos aplicados a la vida diaria (como la ropa tendida que se seca al sol). Después, crea un esquema numerado de las fases y 3 preguntas de opción múltiple para repasar el temario".

En una sola instrucción obtendrás un texto explicativo adaptado al nivel, un esquema visual listo para proyectar o imprimir y actividades de repaso para tu alumnado.

 **NOTA**

Como idea para practicar en el aula, puedes elegir un tema que trabajarás la próxima semana. Con base en el contenido elegido, formula dos *prompts* diferentes para la misma tarea (uno muy simple y otro siguiendo la estructura completa). Luego, compara las respuestas de la IA y reflexiona con tu alumnado sobre cuál es más útil y por qué.

A continuación tendrás acceso a un **banco de *prompts* modelo por materia** (Lengua, Matemáticas, Ciencias, Historia, Arte...) siguiendo la estructura aprendida a fin de disponer de material para utilizar en clases. Pero recuerda que este banco de *prompts* no presenta recetas cerradas, sino puntos de partida que cualquier docente deberá ajustar a sus necesidades particulares. Como sugerencia, utiliza esta tabla como material de apoyo para tus clases. Además, el equipo docente de tu centro podrá elegir un *prompt,* probarlo en el chatbot para luego compartir con el grupo qué ajustes hicieron y qué resultados obtuvieron.

Banco de *prompts* por materias		
Asignatura	**Objetivo didáctico**	**Prompt sugerido**
Lengua y Literatura	Trabajar comprensión lectora y escritura creativa.	*Actúa como profesor de Lengua de 1.º de ESO. A partir del cuento "El traje nuevo del emperador", redacta un resumen en 150 palabras y crea 5 preguntas de comprensión lectora. Luego, diseña una actividad de escritura creativa donde los estudiantes inventen un final alternativo para la historia.*
Matemáticas	Practicar problemas de proporcionalidad con ejemplos cotidianos.	*Imagina que eres profesor de Historia de 4.º de ESO. Explica en un texto breve las causas principales de la Revolución francesa con un lenguaje accesible. Después, formula 3 preguntas abiertas para debatir en clase sobre cómo esas causas se relacionan con problemas actuales de desigualdad social.*
Historia	Comprender procesos históricos y fomentar el pensamiento crítico.	*Imagina que eres profesor de Historia de 4.º de ESO. Explica en un texto breve las causas principales de la Revolución francesa con un lenguaje accesible. Después, formula 3 preguntas abiertas para debatir en clase sobre cómo esas causas se relacionan con problemas actuales de desigualdad social.*
Ciencias Naturales	Explicar fenómenos de la naturaleza de forma sencilla y visual.	*Actúa como docente de Biología en 2.º de ESO. Explica el ciclo del agua en un texto de dos párrafos con ejemplos de la vida real. Añade un esquema en lista numerada y tres preguntas tipo test para repasar el tema.*
Educación Artística	Estimular la creatividad y la autoexpresión.	*Diseña una actividad para el alumnado de 1.º de ESO en la que deban crear un collage digital inspirado en los colores de la naturaleza. Explica los pasos de la actividad y añade una rúbrica sencilla de 4 criterios para evaluar creatividad, técnica, presentación y originalidad.*
Tecnología e Informática	Introducir conceptos básicos de programación a través de ejemplos cotidianos.	*Explica a un alumno de 3.º de ESO qué es un algoritmo usando ejemplos sencillos (hacer un bocadillo, organizar la mochila). Después crea un ejercicio en el que escriban un pseudocódigo sencillo para ordenar una lista de números del menor al mayor.*

SABÍAS QUE...

También puedes emplear la IA para **simular a tu propio alumnado en clase.** Por ejemplo, si redactas un *prompt* detallando el perfil de un estudiante (edad, nivel educativo, intereses o dificultades), la IA podrá ponerse en el papel de ese alumno y plantearte preguntas, objeciones y dudas como si estuvieras en plena clase. Esto te permitirá ensayar tus explicaciones antes de impartir la clase, detectar posibles dificultades de comprensión y preparar ejemplos mucho más didácticos. Cuantos más detalles incluyas sobre el perfil del estudiante en tu *prompt,* más realista resultará la simulación.

> **PROMPT:** Voy a impartir una clase sobre [tema elegido]. Quiero que actúes como un estudiante de secundaria curioso y crítico que interrumpe con preguntas, pide ejemplos todo el tiempo y plantea dudas cuando considera que algo no está claro. Haz preguntas, comentarios y objeciones como lo haría un estudiante real. Tras cada respuesta mía, genera nuevas dudas u observaciones hasta que la explicación sea clara y fácil de comprender.

Seguidamente vas a ver un vídeo que te ayudará a comprender con mayor profundidad cómo funcionan los *prompts* y por qué su calidad determina la utilidad de la respuesta que recibes de un chatbot como ChatGPT.

 ## VÍDEO

El vídeo titulado ***Domina ChatGPT: El Curso Más Práctico en Español*** explica muy bien qué ocurre detrás de la pantalla cuando escribes una instrucción y cómo la inteligencia artificial procesa patrones de lenguaje para devolverte un resultado coherente.

Este recurso te servirá para reforzar la idea clave de que un *prompt* bien diseñado es la base para aprovechar al máximo las posibilidades educativas de la IA generativa.

Continúa en página siguiente >>

<< Viene de página anterior

https://redirectoronline.com/iadocentes0105

---

8. Seguridad, privacidad y sesgos: cómo proteger a tu alumnado y a ti

👉 **HILO CONDUCTOR**

Conforme se adentra más y más al mundo de la IA, Clara empieza a hacerse preguntas muy interesantes: ¿quién ve lo que escribe? ¿Puede la IA replicar estereotipos sin querer? Investiga y comprende que usar IA también implica proteger datos, revisar sesgos y pensar en quién queda fuera. La ética se vuelve parte del viaje.

- -

Cuando abrimos la puerta a la inteligencia artificial generativa en el aula, no solo entran nuevas oportunidades, también lo hacen responsabilidades importantes. Así como cuidamos la seguridad en un laboratorio escolar o protegemos la identidad de nuestro alumnado en redes sociales, con la IA debemos tener especial atención en tres aspectos clave:

➲ **Seguridad.** Utiliza la IA con precaución. Piensa en esta situación: decides usar la IA para generar un cuestionario sobre la Segunda Guerra Mundial y en segundos obtienes diez preguntas con sus respuestas. A primera vista parecen útiles, pero al revisarlas notas que una fecha es incorrecta y que una de las preguntas plantea un hecho histórico desde una sola perspectiva cultural. Si las aplicas sin revisar, tus estudiantes podrían asumir como verdad una información inexacta o parcial.
  Lo que viene a demostrar este ejemplo es que la IA es una herramienta potente, pero también una caja de sorpresas. Combina datos válidos con errores o sesgos que pasan desapercibidos si no los contrastas. Por eso,

[51]

tu papel es indispensable como validador y mediador del conocimiento. Verifica siempre las respuestas antes de usarlas y piensa cómo convertir las posibles limitaciones de la IA en una oportunidad para dialogar con tu alumnado sobre la fiabilidad de la información en la era digital, tal como sugieren Rojas y Galilea (2023).

○ **Privacidad.** Protege la identidad. La mayoría de estas herramientas aprenden y mejoran a partir de lo que las personas escriben en ellas. Se nutre de datos. Esto significa que si introduces el nombre, dirección o cualquier información personal tuya o de un estudiante, esa información es susceptible de quedar almacenada en servidores externos. Para evitarlo:

  ◊ Nunca introduzcas datos sensibles de tu alumnado (nombre completo, calificaciones, diagnósticos).
  ◊ Usa ejemplos ficticios o genéricos cuando practiques con la IA.
  ◊ Explica a tus estudiantes que tampoco deben compartir información privada en estas plataformas.

  Tal como subraya la UNAM (2025), es fundamental exigir a las plataformas transparencia en el uso de datos y enseñar al alumnado a cuidar su huella digital.

○ **Sesgos.** Un riesgo invisible es el sesgo de la IA. Las inteligencias artificiales se entrenan con textos, imágenes y datos obtenidos a través de la web. Esto implica que en ocasiones se reflejan prejuicios de género, cultura o idioma en las respuestas. El sesgo en la IA puede aparecer de maneras muy sutiles. Imagina que le pides al sistema que sugiera profesiones para un proyecto de orientación vocacional en secundaria. La IA propone ingenieros, médicos y directores de empresa, pero la mayoría de las descripciones están asociadas a figuras masculinas, mientras que para trabajos como enfermería o docencia se emplean ejemplos femeninos. Si no lo adviertes, tu alumnado podría reforzar estereotipos de género sin cuestionarlos. Este tipo de respuestas no son fruto de una "mala intención", sino del entrenamiento del modelo con datos que reflejan patrones sociales ya existentes. Aquí tu papel es activar el pensamiento crítico, mostrando al grupo cómo la tecnología puede reproducir prejuicios. También animándolos a detectar qué voces o perspectivas quedan fuera. De este modo, transformas un riesgo invisible en una lección poderosa sobre equidad y diversidad (Akter *et al.*, 2021, citado en UNAM, 2025).

CONSEJO

Para mitigar los sesgos en tu práctica docente, sigue estas recomendaciones:

- Contrasta siempre la información con fuentes de confianza.
- Fomenta en el alumnado el pensamiento crítico, esto es, pregúntales qué voces están ausentes en las respuestas de la IA.
- Muestra cómo el sesgo algorítmico puede afectar la equidad y cómo detectarlo (Akter *et al.*, 2021, citado en UNAM, 2025).

 APLICACIÓN PRÁCTICA

Una profesora universitaria pidió a ChatGPT que generara biografías breves de "científicos relevantes del siglo XX". El sistema devolvió diez nombres, todos hombres y la mayoría europeos o estadounidenses. ¿Cómo puede la docente transformar esta actividad?

Solución

La docente debe pedir al alumnado que investigue mujeres científicas del mismo periodo, analice las razones de su ausencia y reflexione sobre cómo influyen los sesgos en la construcción del conocimiento.

La opción correcta promueve el pensamiento crítico, ya que no se limita a aceptar o descartar la respuesta de la IA, sino que transforma el sesgo en una oportunidad educativa. Al investigar científicas invisibilizadas y analizar por qué no aparecieron en la lista, el alumnado desarrolla una mirada crítica sobre la tecnología, el género y la ciencia. Esto coincide con lo señalado por la UNAM (2025) y Rojas y Galilea (2023), que recomiendan diseñar actividades de alta demanda cognitiva que fomenten reflexión y cuestionamiento, y quienes destacan la importancia de validar críticamente los insumos generados por la IA en contextos educativos.

Como afirma el Grupo Académico de IA Generativa en Educación de la UNAM (2025), el uso informado, ético y crítico de la IA es la mejor manera de garantizar que esta tecnología fortalezca el aprendizaje humano.

✚ PARA SABER MÁS

El uso de la inteligencia artificial generativa en el sector educativo no es solo cuestión de tecnología; también implica cuidar la seguridad, proteger la privacidad y poner el foco en los posibles sesgos que pudieran reproducir desigualdades. Para facilitar su aplicación práctica, dispones de tres *checklists* debidamente diferenciadas según el rol de la comunidad educativa. Estos listados son un recordatorio que pueden imprimirse y utilizarse como guía rápida en clase, en casa o en espacios de formación.

https://redirectoronline.com/iadocentes0106

https://redirectoronline.com/iadocentes0107

https://redirectoronline.com/iadocentes0108

9. Aspectos éticos y legales en el uso educativo de la IA

☞ **HILO CONDUCTOR**

Ahora Clara explora los marcos legales. ¿Puedo usar estos recursos en clase? ¿Qué límites debo respetar? Comprende que, como docente, tiene la responsabilidad de guiar un uso seguro, responsable y justo de la IA. No basta con saber usarla; hay que hacerlo con conciencia.

- -

En España, aún no existe una **ley específica de inteligencia artificial plenamente aprobada,** pero se están dando pasos clave hacia una regulación integral. A continuación encontrarás un recorrido por los distintos niveles normativos que ya están en marcha:

⊃ **Ley de Inteligencia Artificial de la UE.** A nivel europeo, está vigente desde el 1 de agosto de 2024 el Reglamento (UE) 2024/1689, conocido como Ley de Inteligencia Artificial de la UE. Esta norma establece un marco jurídico para todos los sistemas de IA, clasifica su nivel de riesgo y regula su uso. Por ejemplo, prohíbe sistemas de riesgo inaceptable como reconocimiento facial remoto o manipulación subliminal.

⊃ **Anteproyecto de Ley para el Buen Uso y la Gobernanza de la Inteligencia Artificial.** El 11 de marzo de 2025, el Consejo de Ministros aprobó el Anteproyecto de Ley para el Buen Uso y la Gobernanza de la Inteligencia Artificial, que adapta la legislación española al reglamento europeo mencionado. El objetivo es garantizar un uso ético, inclusivo y beneficioso de la IA.

Esta normativa, que actualmente está en consulta pública, introduce medidas como las informadas a continuación:

- ◔ Clasificación de los sistemas de IA por riesgo (prohibidos, alto riesgo, bajo riesgo).
- ◔ Etiquetado obligatorio de contenidos generados por IA (texto, vídeo, audio).
- ◔ Regulación detallada del reconocimiento facial en tiempo real, con requisitos como consentimiento o autorización judicial.
- ◔ Sanciones severas de hasta 35 millones de euros o el 7 % del volumen de negocio anual.
- ◔ Régimen disciplinario específico para Administraciones públicas, aunque sin sanciones económicas significativas.

⮩ **Real Decreto 729/2023.** Mediante el Real Decreto 729/2023 (vigente desde septiembre de 2023), se creó la Agencia Española de Supervisión de Inteligencia Artificial (AESIA). Su misión es asegurar que la IA se use de forma ética y segura, mediante supervisión, formación, inspección y sanción, en consonancia con lo previsto en la normativa europea. Tiene sede en A Coruña.

Cuando hablamos de ética y legalidad en el uso de la inteligencia artificial generativa, hay tres ámbitos fundamentales que debes tener presentes en tu práctica docente. Cada uno de estos apartados te ofrece pautas prácticas, ejemplos y recomendaciones concretas:

⮩ **Ética: formar con integridad y sentido crítico.** Tu primer compromiso es promover la honestidad académica. Si un estudiante presenta como propio un trabajo creado íntegramente con IA, está incurriendo en una forma de plagio. La recomendación de la UNESCO (2022) es clara: la IA debe entenderse como un apoyo y no como un atajo que sustituya el esfuerzo personal.
Por ejemplo, si detectas que tu alumnado entrega un texto generado por un chatbot, en lugar de limitarte a sancionarlo, puedes pedirle que cite de forma adecuada y que explique oralmente cómo contrastó la información. Así transformas la falta en una oportunidad de aprendizaje sobre ética académica.

⮩ **Legalidad: conocer y aplicar las normas.** Además de los aspectos éticos, hay leyes y regulaciones normativas que debes respetar al usar la IA. Estas son las claves para garantizar que tu práctica docente con IA sea segura, transparente y que esté ajustada a derecho, evitando riesgos que puedan afectar tanto a tu alumnado como al colectivo e institución que representas.
En la práctica docente, **la legalidad se concreta en tres ámbitos** que no puedes pasar por alto: **la protección de los datos de tu alumnado,** el **respeto a la propiedad intelectual** y la **observancia de las normas** que marca tu propia institución.

Protección de datos	¿Sabías que el Reglamento General de Protección de Datos (RGPD) en Europa te prohíbe introducir información personal de estudiantes en plataformas externas sin su consentimiento?
Propiedad intelectual	Los contenidos generados por IA pueden basarse en obras protegidas. Antes de difundir material creado con IA, verifica siempre si hay restricciones de uso. Por ejemplo, si diseñas un cuaderno de actividades con IA y este incluye imágenes extraídas de la web antes de compartirlo, revisa los términos de uso. Además, aclara a tu alumnado qué imágenes fueron creadas con IA. Así promueves transparencia y enseñas a evitar problemas legales.

Continúa en página siguiente >>

<< Viene de página anterior

Normativas	Además de las leyes vigentes sobre el uso de la IA, las instituciones educativas están elaborando sus propios protocolos. Mantente al día y adapta tu práctica a las normas que establezca tu centro, recordando que estas aplican a toda la comunidad educativa.

➲ **Construir una cultura de integridad digital.** Tu reto como docente no es solo enseñar a utilizar la IA, sino cómo emplearla como herramienta de forma ética y legal. Esto significa guiar al alumnado para que vea en la IA un recurso de apoyo, no una trampa; una fuente para inspirarse, no un atajo que borre el esfuerzo. Como recuerda la UNAM (2025), tu objetivo es impulsar un uso **ético, informado y reflexivo**, que refuerce la confianza en la educación y prepare a tus estudiantes para desenvolverse con responsabilidad en la sociedad digital.

 PARA SABER MÁS

Si quieres profundizar en este tema, la **UNESCO (2022)** publicó la *Recomendación sobre la ética de la inteligencia artificial*, un documento de referencia internacional que marca pautas para un uso responsable, inclusivo y seguro de la IA en la educación.

Puedes consultarlo completo en el siguiente enlace:

https://redirectoronline.com/iadocentes0109

Este recurso te permitirá reflexionar con mayor amplitud sobre los desafíos y oportunidades que implica la inteligencia artificial. Te servirá como complemento para seguir construyendo una práctica docente ética, legal y crítica en la era digital.

10. Glosario básico interactivo: términos clave que todo docente debe conocer

👉 HILO CONDUCTOR

Para ordenar sus ideas, Clara crea su propio glosario de términos: algoritmo, modelo, *prompt*, sesgo, *overfitting*, etc. Cada nuevo concepto es como una herramienta en su maletín docente. Ya no se siente perdida: ahora tiene un vocabulario para hablar de lo que está aprendiendo.

- -

Para desenvolverte con soltura en el mundo de la **inteligencia artificial generativa (IAGen)** necesitas familiarizarte con un vocabulario mínimo. Conceptos como "chatbot", "prompt", "dataset" o "alucinación" no son tecnicismos lejanos, sino palabras que encontrarás a diario al explorar estas herramientas con tu alumnado.

Ahora bien, este glosario no lo verás como una lista estática. Vas a transformarlo en una **actividad interactiva** que podrás usar directamente en tu aula y, al mismo tiempo, aprenderás a diseñar tus propios recursos didácticos digitales con la ayuda de la IA. De esta manera, mientras adquieres las nociones básicas de la IA, también entrenas la habilidad de crear actividades dinámicas con **H5P.org,** una plataforma gratuita que permite generar materiales interactivos para la enseñanza.

A continuación, vas a convertir el glosario en una **caja de herramientas interactiva,** accesible en línea para que tu alumnado pueda explorar haciendo clic en cada término.

Para ello, necesitarás un ***prompt* genérico eficiente** que te permita usar ChatGPT como tu asistente en la creación de actividades H5P:

Quiero crear un recurso interactivo con H5P.org en formato de Diccionario (Accordion). Genera el archivo H5P compatible con H5P.org, incluyendo en cada entrada:
- El término como título.
- Una definición clara y breve en lenguaje sencillo.
- Un ejemplo práctico aplicado al aula.
- Una miniactividad de reflexión o aplicación (pregunta, reto o caso).

Estos son los conceptos, definiciones, ejemplos y miniactividad que debes considerar:

Continúa en página siguiente >>

<< Viene de página anterior

Término	Definición	Ejemplo	Miniactividad
Chatbot	Un programa que simula una conversación con una persona. En educación lo puedes usar para resolver dudas, generar actividades o acompañar al alumnado en su aprendizaje.	ChatGPT o Gemini.	Pídele a un chatbot que formule una pregunta de repaso sobre el último tema que diste en clase.
Prompt	Es la instrucción o consigna que escribes para que la IA genere una respuesta. Mientras más claro y contextualizado sea, mejores resultados obtendrás.	Redacta una rúbrica de evaluación para un trabajo en equipo de secundaria sobre energías renovables.	Escribe un *prompt* para que la IA cree un cuestionario de opción múltiple sobre tu asignatura.
Generador de contenido	Capacidad de la IA para crear textos, imágenes, audios o vídeos a partir de un *prompt*.	Pedirle a una IA que cree una imagen de una célula vegetal para usarla en clase de Biología.	Pídele a la IA que genere un recurso visual que usarías en tu próxima clase.
Sesgo algorítmico	Tendencia de la IA a reflejar prejuicios presentes en los datos con los que fue entrenada.	Si preguntas por "inventores famosos", puede que el sistema solo devuelva hombres occidentales, dejando fuera a mujeres u otras culturas.	Haz una búsqueda con IA y analiza si hay sesgos en los resultados.
Privacidad de datos	Conjunto de medidas para proteger la información personal que compartes en línea.	Nunca introducir nombres completos de estudiantes ni calificaciones en un chatbot.	Enumera tres datos personales que nunca deberías compartir con una IA.
Alucinación	Situación en la que la IA inventa información que parece real pero es falsa.	Citar un libro que no existe o un autor inventado.	Pide a la IA una bibliografía sobre tu materia y revisa si alguna referencia es inventada.

Continúa en página siguiente >>

<< Viene de página anterior

Término	Definición	Ejemplo	Miniactividad
Personalización	Uso de IA para adaptar contenidos a las necesidades de cada estudiante.	Generar actividades más sencillas para quienes necesitan refuerzo y más complejas para quienes van avanzados.	Diseña un *prompt* para personalizar una misma actividad en dos niveles de dificultad.
Taxonomía de Bloom	Clasificación de habilidades cognitivas que puedes combinar con IA para diseñar actividades en distintos niveles: recordar, comprender, aplicar, analizar, evaluar y crear.	Pedir a la IA que formule preguntas de opción múltiple (nivel recordar) o que plantee un debate (nivel evaluar).	Elige un contenido de tu asignatura y pide a la IA que cree una pregunta para cada nivel de Bloom.
Interfaz	Es la manera en que interactúas con la IA. Puede ser un chat, una aplicación móvil o una integración dentro de otra herramienta educativa.	ChatPDF como interfaz para conversar con un documento en PDF.	Prueba dos interfaces distintas (ej.: *app* vs. navegador) y compara la experiencia.
***Generative AI* (IA generativa)**	Tipo de inteligencia artificial diseñada para crear contenido nuevo (textos, imágenes, música, vídeos).	Pedir a una IA que invente un poema sobre la biodiversidad en tu región.	Solicita a la IA que cree un poema o canción sobre un tema de tu asignatura.
Entrenamiento y ajuste fino (*fine-tuning*)	El entrenamiento inicial enseña al modelo a "hablar en general". El ajuste fino lo especializa en una tarea concreta.	A un modelo general se le hace *fine-tuning* para convertirse en un tutor virtual de Historia que usa solo fuentes verificadas.	Pregunta a la IA cómo se podría entrenar específicamente para tu área de enseñanza.
***Dataset* (conjunto de datos)**	Es el material con el que se entrena un modelo de IA. Incluye textos, imágenes, audios u otros tipos de información.	Un *dataset* de miles de artículos científicos sobre Biología usado para entrenar un modelo que conteste preguntas de esa disciplina.	Reflexiona qué tipo de *dataset* necesitaría un modelo para enseñar tu materia.

Continúa en página siguiente >>

<< Viene de página anterior

Término	Definición	Ejemplo	Miniactividad
Overfitting (sobreajuste)	Ocurre cuando un modelo de IA "memoriza demasiado" los datos de entrenamiento y no sabe generalizar a situaciones nuevas.	Un modelo que solo ha visto problemas con fracciones de un dígito falla con fracciones de dos dígitos.	Pide a la IA ejemplos de *overfitting* explicados de forma sencilla para estudiantes.
Modelo de lenguaje (LLM - *large language model*)	Es el corazón de herramientas como ChatGPT. Se trata de un sistema entrenado con millones de textos para predecir qué palabra viene después de otra y generar respuestas coherentes.	Cuando preguntas "¿Qué es la fotosíntesis?", el modelo busca patrones en su entrenamiento y te devuelve una explicación organizada.	Pregunta al modelo algo complejo y pídele que lo explique en tres niveles: para primaria, secundaria y universidad.

El resultado debe descargarse y subirse directamente a H5P.org sin errores de compatibilidad. Usa el español como idioma principal.

Una vez obtengas el archivo generado por la IA y pegues en H5P tendrás un **glosario interactivo completo.** Cada término se desplegará con su definición, ejemplo y miniactividad, y podrás compartirlo por enlace o integrarlo en tu propia aula virtual.

 **EJEMPLO**

Seguir estos pasos te permitirá crear tu propio glosario interactivo con H5P:

- **Accede a ChatGPT.** Copia el *prompt* anterior y pégalo en el chat. No olvides especificar qué quieres usar la lista de términos que ya tienes (los del glosario básico de IA generativa).
- **Descarga el archivo H5P generado.** ChatGPT te entregará un archivo con extensión .h5p. Guarda ese archivo en tu ordenador.
- **Entra en H5P.org (gratuito).** Regístrate o inicia sesión en H5P.

Continúa en página siguiente >>

<< Viene de página anterior

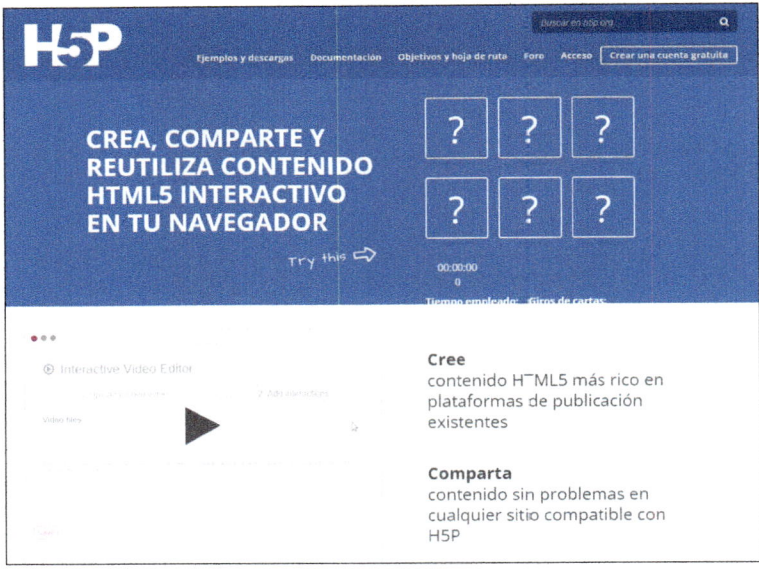

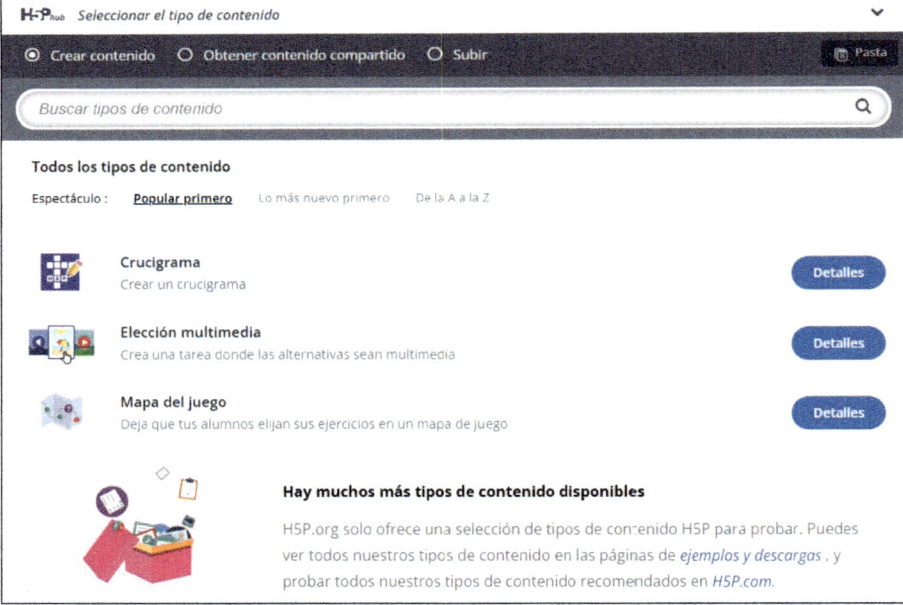

Continúa en página siguiente >>

<< Viene de página anterior

- **Carga tu glosario.** Crea un nuevo contenido y elige **Subir archivo H5P.** Sube este fichero.

Seleccionar el tipo de contenido
Seleccionar el tipo de contenido
Crear contenido
Obtener contenido compartido
Subir
Pasta
Subir un archivo H5P.
Glosario_Interactivo_HTML_v2.h5p
Usar
Cambiar archivo
Puedes comenzar con ejemplos de H5P.org .

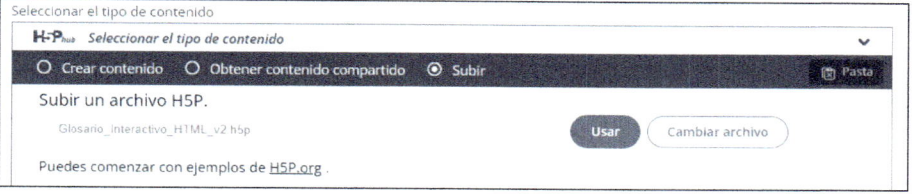

- Al subirlo, se desplegarán todos los términos con sus definiciones, ejemplos y actividades.
- **Prueba y ajusta.** Explora cómo queda la actividad.

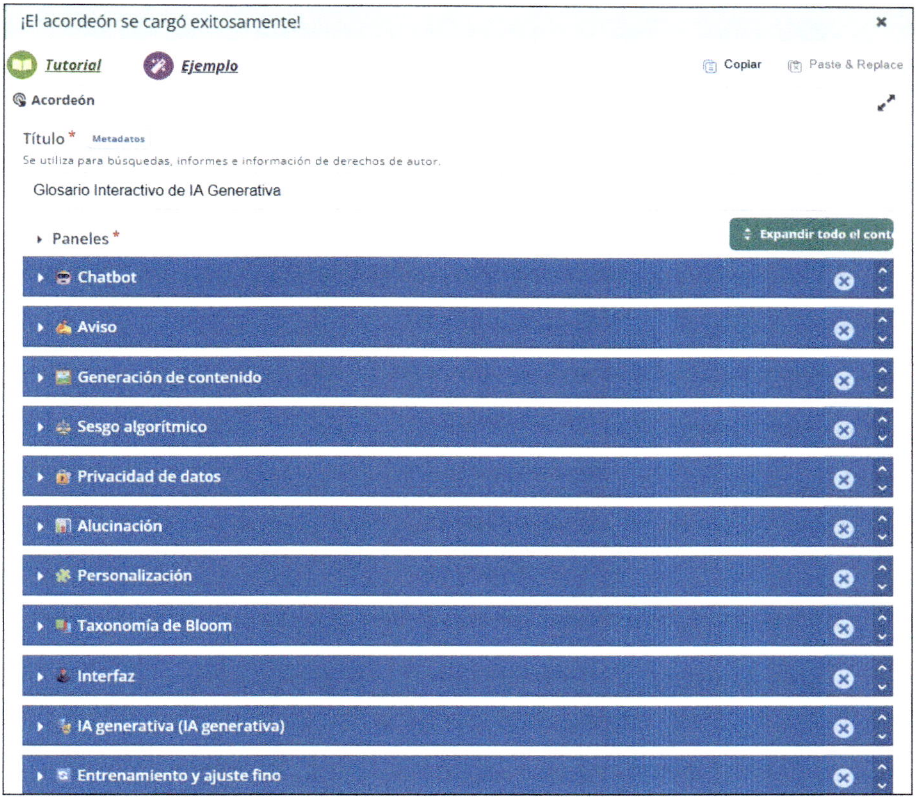

¡El acordeón se cargó exitosamente!
Tutorial
Ejemplo
Copiar
Paste & Replace
Acordeón
Título
Metadatos
Se utiliza para búsquedas, informes e información de derechos de autor.
Glosario Interactivo de IA Generativa
Paneles
Expandir todo el cont
Chatbot
Aviso
Generación de contenido
Sesgo algorítmico
Privacidad de datos
Alucinación
Personalización
Taxonomía de Bloom
Interfaz
IA generativa (IA generativa)
Entrenamiento y ajuste fino

Continúa en página siguiente >>

<< Viene de página anterior

- Abre cualquier panel, por ejemplo, pulsa en el concepto **Chatbot** y verás ya la **definición + ejemplo + miniactividad.**

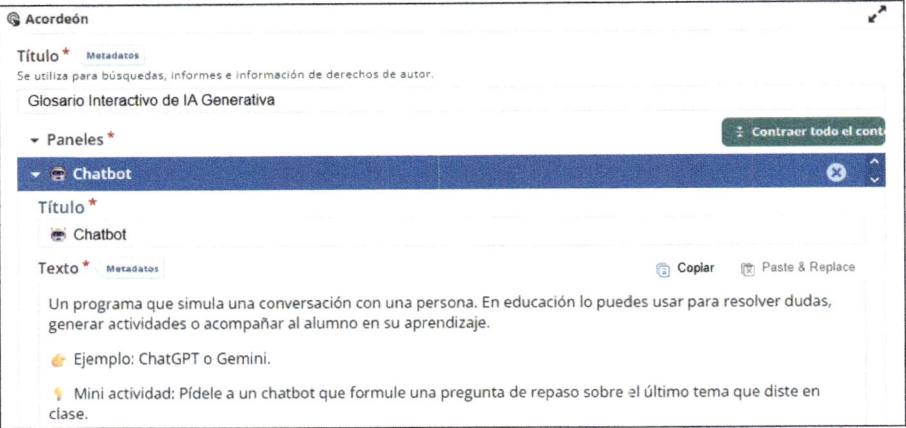

¿Qué logras con este ejercicio?

1. Aprender tú y tu alumnado sobre conceptos clave de IA en un formato atractivo y fácil de recordar.
2. Practicar la creación de materiales interactivos, una competencia digital clave para la docencia innovadora.
3. Explorar el uso de ChatGPT como asistente pedagógico, delegando en él la parte técnica para que tú te centres en lo pedagógico.

Guarda tu recurso

Cuando termines de añadir todos los paneles, pulsa **Guardar.** Tras guardar, H5P te mostrará el recurso publicado en pantalla. En la parte superior o inferior suele aparecer un botón o pestaña que dice **Embed/Share** (Insertar/Compartir).

* **Selecciona Embed/Share.** Se abrirán dos opciones:

- **URL directa:** un enlace para compartir con tus estudiantes.
- **Código embebido *(iframe):*** sirve para incrustar el recurso en una web, blog o en tu aula virtual.

Continúa en página siguiente >>

<< Viene de página anterior

Copia el enlace. Elige la opción de **copiar la URL** (parecida a https://h5p.org/node/xxxxx).Ese será el link que podrás enviar por correo, WhatsApp, Classroom, Moodle o cualquier otra plataforma.

 CONSEJO

Este consejo quiere animarte a que **utilices tu glosario interactivo como base de actividades didácticas** en el aula, y no solo como una lista de términos. Por ejemplo, no basta con que el alumnado lea las definiciones de cada concepto; lo ideal es que a través de seleccionar algunos términos puedas armar con ellos una dinámica divertida en clase para que tu alumnado entienda el concepto, vea un ejemplo sencillo y aplique el término en una pequeña actividad. Por ejemplo:

- Comparar la forma de aprender "memorística" con el concepto *overfitting.*
- Mostrar con un *prompt* cómo funcionan las alucinaciones.

Con ello, conseguirás que tu alumnado no solo aprenda de memoria el término, sino que sea capaz de relacionarlo con algo cercano que pueda recordar.

Promoverás una clase dinámica y participativa y, sobre todo, aprovecharás tu glosario interactivo como una **herramienta activa de aprendizaje.**

---

11. Taller: crear tu primera actividad de aula con IA paso a paso

 HILO CONDUCTOR

Ha llegado el momento. Clara diseña su primera actividad real con apoyo de IA. Elabora una lectura, genera preguntas y hasta una rúbrica. Cuando la aplica en clase, nota algo distinto: sus estudiantes están más motivados. Clara no solo ha aprendido; ha transformado su práctica.

Después de conocer conceptos, riesgos y oportunidades de la inteligencia artificial generativa, toca dar el siguiente paso: llevar lo aprendido al terreno práctico. Llegó el momento de pasar de la teoría a la práctica. En este taller vas a diseñar tu primera actividad de aula con apoyo de IA generativa, poniendo en juego lo que ya aprendiste sobre *prompts,* seguridad, privacidad, sesgos y aspectos éticos y legales. El objetivo no es que la IA haga el trabajo por ti, sino que la utilices como aliada creativa y pedagógica, ampliando tu repertorio docente y potenciando la participación del alumnado.

Antes de lanzarte a crear tu primera actividad con apoyo de la IA generativa, conviene recordar una herramienta muy útil para cualquier docente: la **taxonomía de Bloom.**

Se trata de un marco que organiza el proceso de aprendizaje en 6 niveles, que abarca desde lo más básico hasta lo más complejo. Te será muy útil contemplarlo para alinear los **objetivos, las actividades y la evaluación** de tu alumnado.

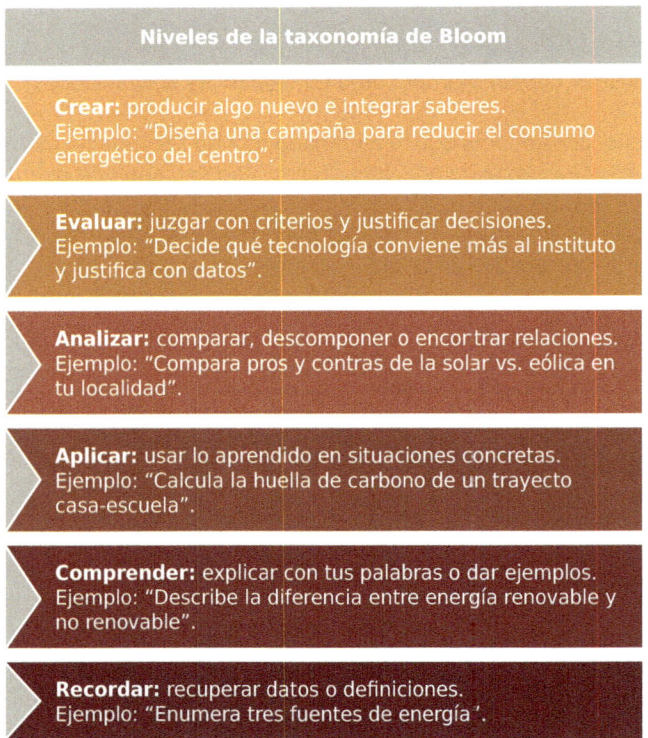

Niveles de la taxonomía de Bloom

Crear: producir algo nuevo e integrar saberes.
Ejemplo: "Diseña una campaña para reducir el consumo energético del centro".

Evaluar: juzgar con criterios y justificar decisiones.
Ejemplo: "Decide qué tecnología conviene más al instituto y justifica con datos".

Analizar: comparar, descomponer o encontrar relaciones.
Ejemplo: "Compara pros y contras de la solar vs. eólica en tu localidad".

Aplicar: usar lo aprendido en situaciones concretas.
Ejemplo: "Calcula la huella de carbono de un trayecto casa-escuela".

Comprender: explicar con tus palabras o dar ejemplos.
Ejemplo: "Describe la diferencia entre energía renovable y no renovable".

Recordar: recuperar datos o definiciones.
Ejemplo: "Enumera tres fuentes de energía".

Te preguntarás por qué es importante la taxonomía de Bloom a la hora de diseñar actividades con IA. La respuesta es bien sencilla. Bloom no es solo una lista de verbos o niveles; nos ayuda a visualizar qué esperamos realmente de nuestro alumnado. Cuando hablamos de **evaluar la adquisición y la asimilación de conocimientos y aptitudes,** la taxonomía funciona a modo de brújula. Nos permite conocer aspectos clave para diseñar actividades eficaces.

De ahí que, al trabajar con IA generativa, la jerarquización de la taxonomía de Bloom cobra más importancia, ya que evita caer en el uso superficial de la tecnología. Sabemos que la IA es capaz de generar un texto en segundos, pero el valor educativo está en cómo guías a tu alumnado para interactuar con ese material. Es decir, ¿leen el texto y lo repiten? ¿Lo analizan de forma crítica? ¿O lo transforman en algo nuevo?

IMPORTANTE

Bloom te asegura que la actividad generada con la inteligencia artificial no se quede en lo básico, sino que realmente impulse el pensamiento crítico, la creatividad y la construcción significativa de conocimiento.

- -

Antes de diseñar tus actividades con IA, conviene detenerse en tres aspectos clave:

Qué nivel cognitivo queremos alcanzar
- No es lo mismo pedir que un estudiante enumere (recordar) que analizar pros y contras (analizar) o diseñar una solución (crear).

Qué tipo de actividad corresponde a cada nivel
- Con IA puedes pedir a la herramienta que genere definiciones sencillas (para recordar), que cree comparaciones (para analizar) o que sugiera proyectos creativos (para crear).

Cómo evaluar el aprendizaje
- Al tener claros los niveles, puedes diseñar rúbricas o criterios de evaluación que midan exactamente si el alumnado logró comprender, aplicar, analizar, evaluar o crear.

A continuación verás un ejemplo práctico de cómo un mismo tema (el cambio climático y las energías renovables) puede abordarse en diferentes niveles cognitivos: **comprender**, **analizar** y **crear.**

➲ **Nivel 1: Comprender:**

◑ Objetivo: que el alumnado explique con sus palabras la diferencia entre energías renovables y no renovables.
◑ Actividad con IA: pedir a ChatGPT que genere un texto breve y sencillo (150 palabras, nivel de secundaria) que compare ambas energías con ejemplos cotidianos.
◑ Interacción con alumnado: tras leer el texto, pedir que lo resuman en una frase con sus propias palabras.
◑ Uso de la IA: apoyo para generar material adaptado al nivel.

➲ **Nivel 2: Analizar:**

◑ Objetivo: que el alumnado compare ventajas y desventajas de la energía solar y eólica en su localidad.
◑ Actividad con IA: redactar un *prompt* en ChatGPT: "Eres un asistente educativo. Genera una tabla con ventajas y desventajas de la energía solar y eólica, pensando en un municipio de clima soleado pero con vientos moderados. Lenguaje sencillo, para estudiantes de 14 años".
◑ Interacción con alumnado: los estudiantes revisan la tabla, discuten si refleja bien su realidad local y añaden ejemplos propios.
◑ Uso de la IA: punto de partida para la comparación que luego se contrasta con la experiencia de los alumnos.

➲ **Nivel 3: Crear:**

◑ Objetivo: que el alumnado diseñe una campaña para concienciar a la comunidad sobre el uso de energías renovables.
◑ Actividad con IA: pedir a ChatGPT que genere tres eslóganes creativos y una propuesta de afiche (solo texto) para una campaña escolar sobre energías renovables.
◑ Interacción con alumnado: cada equipo elige uno de los eslóganes, lo adapta y crea un cartel o un vídeo corto con su propio estilo. Uso de la IA: inspiración inicial, pero la producción final depende totalmente del alumnado.

Ahora que ya comprendes la taxonomía de Bloom, es momento de dar forma a tu primer taller con IA. Para que la experiencia resulte clara y organizada, recorrerás una serie de pasos guiados. En cada etapa encontrarás una breve explicación acompañada de una propuesta práctica, pensada para que puedas aplicarla de inmediato en tu propio contexto educativo:

¡Quiero definir lo que mi alumnado va a aprender!

➲ Paso 1. Define tu objetivo didáctico. Antes de abrir la herramienta, piensa:

   ◑ ¿Qué quiero que aprenda mi alumnado con esta actividad?
   ◑ ¿En qué nivel cognitivo quiero situarla? (Recordar, aplicar, crear, según la taxonomía de Bloom).

Por ejemplo, quieres que tu clase de 3.º de Secundaria comprenda los impactos del cambio climático en su entorno y que proponga soluciones creativas.
Considera formular siempre tus objetivos comenzando con un verbo en infinitivo que corresponda al nivel de Bloom en el que quieres trabajar (por ejemplo: analizar, evaluar o crear). De esta forma, tu objetivo podría quedar así:

   ◑ Analizar los principales impactos del cambio climático en el entorno y crear propuestas creativas que contribuyan a su mitigación desde la escuela y la comunidad.

De esta manera, el objetivo no solo indica el **qué** (impactos y soluciones), sino también el **nivel cognitivo** que se espera alcanzar:

   ◑ Analizar (nivel superior de Bloom) → identificar y comparar los efectos en el contexto cercano.
   ◑ Crear (nivel más alto de Bloom) → elaborar soluciones innovadoras y viables.

¡Vamos a crear el primer *prompt*!

➲ Paso 2. Diseña tu *prompt* que sea efectivo. Recuerda las claves: contexto + tarea + instrucciones específicas.

   ◑ **Contexto:**
   Eres un asistente educativo especializado en Secundaria. Trabajas con estudiantes de 14 años que están aprendiendo sobre cambio climático. El objetivo de la clase es analizar los principales impactos del cambio climático en su entorno y crear propuestas creativas que contribuyan a su mitigación desde la escuela y la comunidad.
   ◑ **Tarea:**
   Genera una actividad completa que incluya:

      1. Una lectura breve de máximo 200 palabras que explique, en lenguaje sencillo, qué es el cambio climático y cómo afecta al entorno cercano.

2. Tres preguntas de análisis crítico para que el alumnado relacione la información con su contexto local.
3. Una tarea creativa donde los estudiantes imaginen y propongan soluciones concretas y aplicables en la escuela o comunidad para mitigar esos impactos.

↻ Instrucciones específicas:

⇕ Utiliza un lenguaje claro y accesible para estudiantes de 14 años.
⇕ Evita tecnicismos excesivos y prioriza ejemplos de la vida diaria (escuela, barrio, familia).
⇕ Las preguntas deben corresponder al nivel Analizar/Evaluar de la taxonomía de Bloom.
⇕ La tarea creativa debe fomentar la originalidad, el trabajo en equipo y la conexión con la realidad local.
⇕ Señala en el texto cualquier dato que deba ser verificado con la indicación "(verificar)".
⇕ Redacta la salida en formato organizado con subtítulos: "Lectura", "Preguntas de análisis", "Tarea creativa".

¡Hora de revisar y mejorar la propuesta!

➲ Paso 3. Revisa y ajusta el resultado. No te quedes con la primera propuesta. Lee con atención lo que te ofrece la IA:

↻ ¿Cumple el objetivo didáctico?
↻ ¿Es apropiado para la edad y nivel?
↻ ¿Hay sesgos culturales o información dudosa?

Si algo no encaja, indícale al chatbot que reformule la actividad: "Reformula la actividad con ejemplos de mi localidad".

¡Quiero personalizar la actividad a mi clase!

➲ Paso 4. Añade tu toque docente. La IA te da un borrador, pero tú eres quien lo convierte en una verdadera experiencia educativa.

↻ Adapta la lectura con ejemplos cercanos a tu alumnado.
↻ Ajusta las preguntas para que fomenten pensamiento crítico.
↻ Incluye instrucciones claras sobre cómo se evaluará.

Por ejemplo, pídele a tu chatbot que añada la rúbrica de evaluación generada en otro *prompt* para dar transparencia y orientar al alumnado.

Genera una rúbrica de evaluación clara y sencilla para esta actividad. Incluye 3 o 4 criterios alineados al objetivo:

- Análisis crítico (comprensión y conexión con el entorno).
- Creatividad y viabilidad de la propuesta.
- Claridad en la comunicación (explicación y presentación).
- Trabajo en equipo (opcional).
- Cada criterio debe tener 3 niveles de desempeño: "Excelente", "Adecuado", "En proceso".
- Usa descriptores breves y comprensibles para alumnado de 14 años.
- Presenta la rúbrica en formato de tabla.

¡Vamos a probar, evaluar y aprender de la experiencia!

➲ Paso 5. Prueba y reflexiona. Antes de aplicar en toda la clase, experimenta con un grupo reducido o incluso en casa. Pregúntate:

- ¿La actividad motiva y engancha?
- ¿El nivel de dificultad es adecuado?
- ¿Cumple con las normas éticas y legales (sin datos sensibles, con cita a la IA si se usó en el diseño)?

Según los expertos, la revisión crítica y la experimentación gradual son clave para garantizar un uso responsable de la IA en el sector educativo.

 TAREA 2

Carlos es profesor de Secundaria y quiere trabajar el tema de energías renovables con su alumnado. Desea que sus estudiantes comprendan cómo funcionan los paneles solares y reflexionen sobre los beneficios de las energías limpias en su comunidad. Ha escuchado que con herramientas de IA generativa gratuita, como Canva con IA integrada o Stable Diffusion (para generar imágenes creativas), puede diseñar pósteres digitales de forma más rápida y atractiva.

Su reto es utilizar la IA como aliada, pero cuidando aspectos éticos: evitar sesgos, garantizar la privacidad de los datos y contextualizar el material a la realidad local de su alumnado.

En este contexto, ¿cómo podría Carlos usar la IA para la creación de un póster educativo que motive a la comunidad escolar a apostar por la energía solar, integrando criterios de uso seguro y responsable?

12. Resumen

Comprender qué es y cómo funciona la inteligencia artificial generativa es para ti el primer paso para integrarla con sentido en tu práctica docente. Lejos de ser una herramienta mágica, se convierte en un recurso que te ayuda a potenciar tu creatividad y a ganar eficiencia en el aula, siempre que la utilices con criterio pedagógico, ético y responsable.

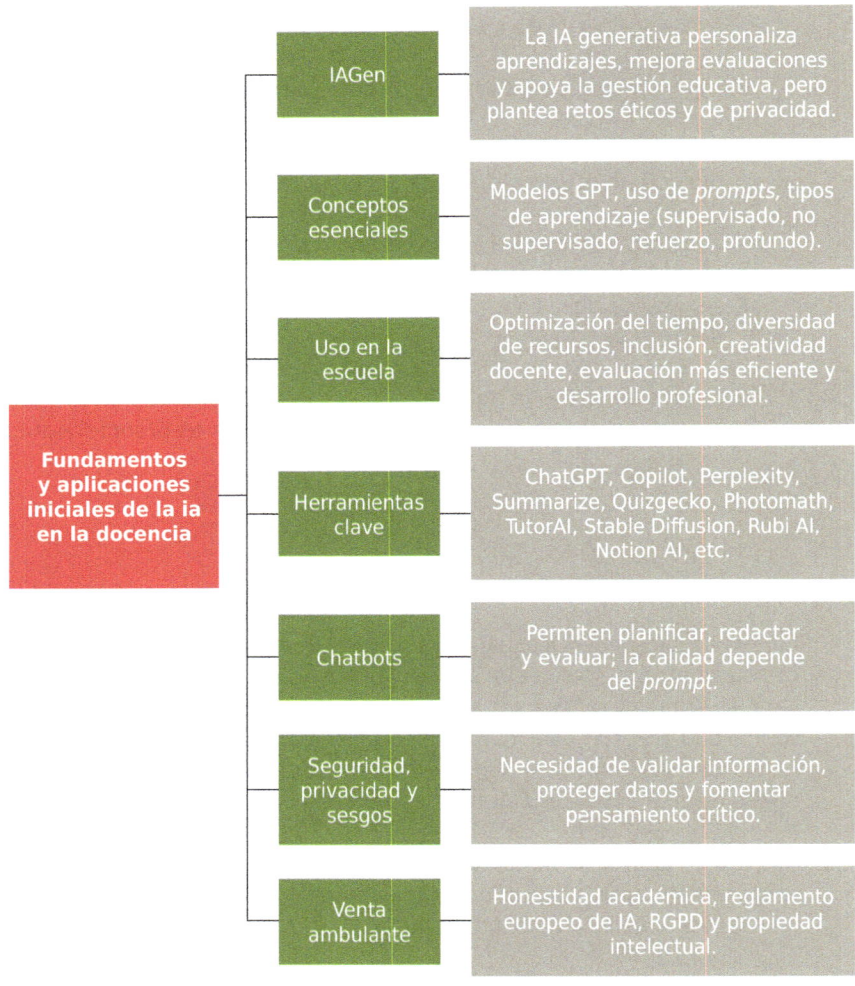

Fundamentos y aplicaciones iniciales de la ia en la docencia

IAGen — La IA generativa personaliza aprendizajes, mejora evaluaciones y apoya la gestión educativa, pero plantea retos éticos y de privacidad.

Conceptos esenciales — Modelos GPT, uso de *prompts*, tipos de aprendizaje (supervisado, no supervisado, refuerzo, profundo).

Uso en la escuela — Optimización del tiempo, diversidad de recursos, inclusión, creatividad docente, evaluación más eficiente y desarrollo profesional.

Herramientas clave — ChatGPT, Copilot, Perplexity, Summarize, Quizgecko, Photomath, TutorAI, Stable Diffusion, Rubi AI, Notion AI, etc.

Chatbots — Permiten planificar, redactar y evaluar; la calidad depende del *prompt*.

Seguridad, privacidad y sesgos — Necesidad de validar información, proteger datos y fomentar pensamiento crítico.

Venta ambulante — Honestidad académica, reglamento europeo de IA, RGPD y propiedad intelectual.

Recuerda que la IA no viene a reemplazarte, sino a acompañarte. Si la usas de forma crítica y consciente, podrás enriquecer tu enseñanza, motivar más a tu alumnado y crear experiencias inclusivas y significativas. Está en tus manos aprovechar estas herramientas para innovar y prepararte, junto con tus estudiantes, para los retos del siglo XXI.

Ejercicios de autoevaluación
Unidad de Aprendizaje 1

1. Indica si las siguientes afirmaciones son verdaderas o falsas.

a. La IA generativa se limita a clasificar y predecir datos, sin capacidad de generar contenido nuevo.

- Verdadero
- Falso

b. ChatGPT fue una de las primeras inteligencias artificiales generativas de acceso abierto para el público en general.

- Verdadero
- Falso

c. El aprendizaje profundo o *deep learning* utiliza redes neuronales artificiales inspiradas en las biológicas.

- Verdadero
- Falso

2. ¿Qué caracteriza a la IA generativa frente a otros tipos de IA?

a. Solo analiza datos sin producir nada nuevo.
b. Depende exclusivamente de etiquetas humanas para aprender.
c. Es capaz de generar textos, imágenes o sonidos originales a partir de patrones aprendidos.
d. Solo puede funcionar en grandes corporaciones.

3. ¿Cómo funciona un modelo GPT?

a. Está programado manualmente para cada respuesta.
b. Predice la palabra más probable a partir de patrones aprendidos en millones de ejemplos.
c. Memoriza respuestas fijas de un banco de datos.
d. Utiliza razonamiento consciente como los humanos.

4. ¿Qué es un *prompt*?

    a. Un error que comete la IA al generar una respuesta.
    b. La instrucción o consigna que das a la IA para que produzca un resultado.
    c. El nombre técnico del algoritmo de entrenamiento.
    d. Un modelo específico de redes neuronales.

5. ¿Qué ejemplo corresponde a un caso de sesgo en IA?

    a. Que la IA genere una lista diversa de autores y autoras de distintos países.
    b. Que el modelo incluya referencias verificadas en sus respuestas.
    c. Que al pedir inventores famosos, devuelva solo hombres occidentales.
    d. Que la IA pida al usuario verificar la información.

6. ¿Cuál de las siguientes opciones describe mejor el aprendizaje supervisado?

    a. La IA detecta patrones en datos sin etiquetar.
    b. Aprende mediante ensayo y error con recompensas.
    c. Se entrena con conjuntos de datos etiquetados por humanos.
    d. Usa redes neuronales profundas para procesar información compleja.

7. ¿Cuál es un riesgo asociado al uso educativo de la IA generativa?

    a. Que siempre proporcione respuestas correctas.
    b. Que reproduzca sesgos de género, cultura o idioma presentes en los datos de entrenamiento.
    c. Que elimine la necesidad de supervisión docente.
    d. Que bloquee el acceso a información en línea.

8. ¿Qué recomienda la UNESCO (2022) respecto al uso de la IA en educación?

    a. Que el alumnado use IA como sustituto de su esfuerzo personal.
    b. Que se entienda como un apoyo y no como un atajo que reemplace la autoría.

    c. Que no se utilice en ninguna circunstancia en la escuela.
    d. Que solo se permita para actividades administrativas.

9. ¿Qué papel juega el docente frente a la IA generativa?

    a. Validar, adaptar y enriquecer los materiales producidos por la IA.
    b. Utilizar la IA sin necesidad de revisar la información.
    c. Sustituir totalmente la preparación de materiales con la IA.
    d. Limitarse a aceptar cualquier respuesta generada.

10. ¿Qué beneficio concreto aporta la IA generativa al aula?

    a. Optimizar el tiempo creando cuestionarios, resúmenes o rúbricas rápidamente.
    b. Evitar toda interacción entre alumnado y profesorado.
    c. Suplantar la toma de decisiones pedagógicas.
    d. Eliminar la necesidad de planificar clases.

Diseño de recursos y estrategias educativas con IA

Contenido

1. Introducción
2. Estrategias de enseñanza con IA: enfoque constructivista, diseño inverso y taxonomía de Bloom
3. Actividad práctica: crear una secuencia didáctica con apoyo de IA
4. IA como tutor personalizado: retroalimentación automática y adaptada al nivel del alumnado
5. IA como herramienta para desarrollar creatividad (texto, imagen, audio y vídeo)
6. Actividad práctica: generar recursos visuales o audiovisuales con IA para tu clase
7. Evaluar con IA: rúbricas, pruebas, revisión automática de textos y *feedback*
8. Actividad práctica: crear una rúbrica o prueba con IA
9. Organización docente con IA: generación de documentos, comunicados, planes
10. IA para la mejora de la convivencia y el clima escolar
11. Proyecto final: diseño de una intervención educativa con IA (plan de aula, actividad, protocolo o recurso)
12. Resumen

Objetivos

El objetivo general de esta Unidad de Aprendizaje es:

→ Aplicar estrategias pedagógicas basadas en la IA generativa para optimizar la planificación docente, la retroalimentación al alumnado y la gestión educativa, promoviendo una enseñanza más efectiva y colaborativa.

Los objetivos específicos de esta Unidad de Aprendizaje son:

→ Diseñar actividades didácticas de alta demanda cognitiva usando IA como apoyo.

→ Aplicar la IA en procesos de evaluación, retroalimentación y personalización del aprendizaje.

→ Incorporar la IA como aliada en la gestión educativa y la colaboración docente.

1. Introducción

La inteligencia artificial está dejando de ser una novedad tecnológica para convertirse en una herramienta real dentro del trabajo docente. Su integración en la educación no implica únicamente aprender a usar nuevas plataformas, sino repensar cómo planificamos, enseñamos, evaluamos y acompañamos a nuestros estudiantes. En este escenario, el rol del profesorado se transforma, no porque pierda relevancia, sino porque adquiere nuevas posibilidades para tomar decisiones pedagógicas con mayor creatividad, agilidad y foco en las necesidades del aula.

Esta unidad invita a reflexionar sobre cómo la IA puede convertirse en una aliada para diseñar experiencias de aprendizaje más significativas, adaptadas y colaborativas. Más allá del uso instrumental, el propósito es explorar cómo estas tecnologías permiten potenciar la intención educativa, sin perder de vista la dimensión ética, humana y profesional del quehacer docente.

Para transitar por este camino de aprendizaje, seguiremos apoyándonos en la historia de Clara, una docente que, como muchos profesionales de la enseñanza, busca incorporar la IA en su práctica diaria con sentido pedagógico, mirada crítica y un fuerte compromiso con la mejora de la educación.

2. Estrategias de enseñanza con IA: enfoque constructivista, diseño inverso y taxonomía de Bloom

 HILO CONDUCTOR

Clara quiere dar un paso más: emplear la IA no solo para tareas puntuales, sino para diseñar con intención. Desea aprender a alinear sus objetivos con estrategias como el diseño inverso o la taxonomía de Bloom, además de descubrir cómo la IA puede ser aliada del pensamiento pedagógico y no su reemplazo.

Diversas instituciones como la UNESCO (Miao & Holmes, 2023) y la UNAM (Grupo Académico de Inteligencia Artificial Generativa, 2025) señalan que la IA debe ser entendida como un *copiloto* del profesorado. Es decir, no sustituye la labor docente, sino que potencia la personalización, la creatividad y la eficiencia, siempre bajo un marco ético y de seguridad.

Con base en esto, la invitación es a **usar la IA con intención pedagógica,** es decir, no solo como una herramienta para ahorrar tiempo, sino como un importante recurso que refuerce la forma en la que enseñas y aprenden tus estudiantes.

 SABÍAS QUE...

La Universidad de Navarra ha desarrollado el **Modelo EUREKAI,** una propuesta que invita al profesorado universitario a **repensar su práctica docente integrando metodologías activas y tecnología consciente.** Este modelo parte de una premisa inspiradora: "El reto educativo de la era de la IA no es la tecnología, sino la pedagogía".

Desde esta mirada, se impulsa la adopción de enfoques como el *flipped classroom* **potenciado con IA,** donde el aula se convierte en un espacio de creación, análisis y debate, y las herramientas de inteligencia artificial sirven como apoyo para personalizar la enseñanza y promover la reflexión crítica.

Una lectura recomendada para docentes que desean **pasar de la transmisión de contenidos a la creación de experiencias auténticas** y conectar la innovación tecnológica con el sentido pedagógico.

https://redirectoronline.com/iadocentes0201

Cuando alineas la IA con marcos reconocidos como el **constructivismo,** el **diseño inverso** o la **taxonomía de Bloom,** no solo obtienes actividades más dinámicas, sino que aseguras que cada recurso generado tenga sentido didáctico y esté al servicio de un aprendizaje significativo.

A continuación, se muestran tres enfoques pedagógicos clave en los que la IA puede convertirse en tu aliada:

- ⮞ **Enfoque constructivista.** Los estudiantes construyen conocimiento a partir de experiencias significativas, es decir, casos que se acercan a la vida real. La IA te servirá de ayuda para generar esas situaciones a través de ejemplos, simulaciones o problemas adaptados que sirvan de andamiaje.
- ⮞ **Diseño inverso (*backward design*).** Se parte de los resultados de aprendizaje deseados y se diseñan actividades con IA que conduzcan a ellos (Wiggins & McTighe, 2005).
- ⮞ **Taxonomía de Bloom revisada.** La IA puede usarse perfectamente para guiar al alumnado hacia niveles cognitivos superiores como son el análisis, la evaluación y la creación (Krathwohl, 2002). Por ejemplo, pide a la IA que genere un caso ficticio sobre un conflicto ambiental en tu localidad. Luego, tus estudiantes deberán analizarlo, proponer soluciones y finalmente crear un plan de acción.

 **EJEMPLO**

Prompt sugerido:

Crea un problema real pero cercano para estudiantes de primaria en el que deban aplicar fracciones a la hora de repartir una pizza entre amigos. Utiliza un lenguaje sencillo y plantea preguntas para reflexionar.

Acciones:

1. Copia y pega el *prompt* en el chatbot.
2. Analiza la respuesta. ¿Es lo suficientemente realista y comprensible para tu grupo?
3. Ajusta los detalles (número de amigos, tipo de alimento, nivel de dificultad).
4. Usa la situación como actividad de inicio en tu próxima clase.

Propuesta de actividad. Repartiendo la *pizza* (25 min)
Nivel. Primaria (9-10 años).
Objetivo. Comprender y aplicar el concepto de fracción en un contexto real.
Enunciado (5 minutos).

Hemos pedido una *pizza* de 8 porciones para 4 amigos. ¿Cómo la repartiríamos para que todos coman lo mismo?
Dibuja la *pizza* en la pizarra o muestra una imagen generada con IA.

Continúa en página siguiente >>

<< Viene de página anterior

Exploración (10 minutos).

En equipos, resuelven dos retos con fichas de *pizzas:*
Reparto justo: expresar en fracción.
Reparto desigual: si llega un quinto amigo, ¿cómo cambia el reparto?

Reflexión (5 minutos).

Los equipos comparten. Anota fracciones equivalentes (ej.: 2/8 = 1/4).

Cierre (5 minutos).

Propón una lluvia de ideas de otras situaciones que pueden darse en el día a día donde se utilicen las fracciones. La IA puede generar ejemplos como pasteles, entradas de cine, litros de refresco o repartir los gastos de una compra. Además también será muy útil para generar esas imágenes que permitan recrear estos escenarios.

 APLICACIÓN PRÁCTICA

Martina, una docente interesada en innovar, decide usar la IA no solo para ahorrar tiempo, sino para diseñar con sentido pedagógico. Quiere alinear sus objetivos con estrategias como el diseño inverso y la taxonomía de Bloom. Sin embargo, un colega le dice que no vale la pena complicarse indicándole que lo importante es que la IA genere actividades y ya está, sin necesidad de pensar en teorías educativas.

¿Cómo podría Martina responder para explicar que la IA debe usarse como una aliada pedagógica y no como un simple generador de actividades?

Solución

La IA debe entenderse como un copiloto del profesorado, capaz de reforzar enfoques como el constructivismo, el diseño inverso y la taxonomía de Bloom, garantizando que los recursos tengan sentido didáctico y promuevan aprendizajes significativos.

Continúa en página siguiente >>

<< Viene de página anterior

La IA no sustituye al docente, sino que potencia su labor cuando se utiliza con intención pedagógica. Siguiendo las recomendaciones de instituciones como la UNESCO (Miao & Holmes, 2023) y la UNAM (GAIA-GEN, 2025), la IA debe emplearse como un apoyo creativo y ético que ayude a personalizar el aprendizaje, generar experiencias constructivistas y fomentar niveles cognitivos superiores según la taxonomía de Bloom. De este modo, Martina asegura que sus actividades no sean solo rápidas de producir, sino significativas y alineadas con objetivos claros de aprendizaje.

3. Actividad práctica: crear una secuencia didáctica con apoyo de IA

👉 HILO CONDUCTOR

Guiada por estas estrategias, Clara diseña una secuencia didáctica completa. Con apoyo de la IA, redacta objetivos, selecciona actividades y prevé formas de evaluación. Lo que antes le tomaba horas de su apreciado tiempo, ahora fluye con mayor agilidad. Siente que la tecnología le devuelve espacio para lo más importante: pensar en sus estudiantes.

Sabemos que la IA puede ayudarte a generar ideas originales de actividades. Ahora bien, vamos a dar un paso más a fin de **estructurar una secuencia didáctica completa** con ayuda de la IA. De esta forma, podrás tener un plan claro con objetivos, pasos y resultados finales que se ajusten a tu aula. Por ejemplo, tomemos en cuenta la siguiente secuencia didáctica:

Unidad didáctica: El impacto del cambio climático en mi comunidad	
Nivel educativo	Secundaria (13-14 años)
Área	Ciencias Naturales/Educación Ambiental

Continúa en página siguiente >>

[85]

<< Viene de página anterior

Unidad didáctica: El impacto del cambio climático en mi comunidad	
Duración	3 sesiones de 50 minutos
Objetivo General	Que los estudiantes comprendan las causas y consecuencias del cambio cl mático y propongan acciones cocretas para su er torno.

Tras definir el objetivo, por ejemplo, "que mis estudiantes reconozcan los efectos del cambio climático en su comunidad", pide ayuda a la IA con el siguiente *prompt:*

Diseña una secuencia didáctica de tres sesiones sobre el cambio climático para estudiantes de secundaria. Incluye actividades de inicio, desarrollo y cierre que fomenten la participación activa y el pensamiento crítico.

Luego, **evalúa y ajusta todo lo que sea necesario.** Esto es, revisa si lo que propone la IA es realista para tu clase, recorta, adapta o combina con tus propias ideas.

Profundicemos a continuación con un sencillo caso práctico utilizando diversas herramientas de IA generativa.

3.1. Sesión 1. Comprendamos el problema

Objetivo específico: identificar las principales causas del cambio climático.

Inicio (imagen generada con IA)

➲ Herramienta sugerida: Stable Diffusion, Craiyon, o bien crear un *prompt* con ChatGPT y utilizar cualquier plataforma como OpenArt, Leonardo.AI, Bing Creator, etc. (gratuitas, *open source* o con acceso libre).
➲ Uso: genera imágenes realistas de ciudades con contaminación, humo de fábricas o deforestación.

Genera una ilustración didáctica de alta calidad que muestre las principales causas del cambio climático en una sola escena dividida en secciones visuales. *En la parte izquierda, una ciudad congestionada con tráfico intenso, humo saliendo de los autos y smog en el cielo. En el centro, fábricas industriales expulsando grandes columnas de humo negro al aire. A la derecha, un área de bosque siendo talada, árboles caídos y maquinaria deforestando. El cielo debe ser grisáceo y cargado, reflejando la contaminación. Que la imagen tenga estilo semirrealista, con colores impactantes pero sobrios, y que incluya pequeños iconos o flechas que conecten cada causa con un globo de texto que diga: "Contaminación urbana", "Emisiones industriales", "Deforestación". Todo presentado como si fuera una infografía educativa para estudiantes de Secundaria.*

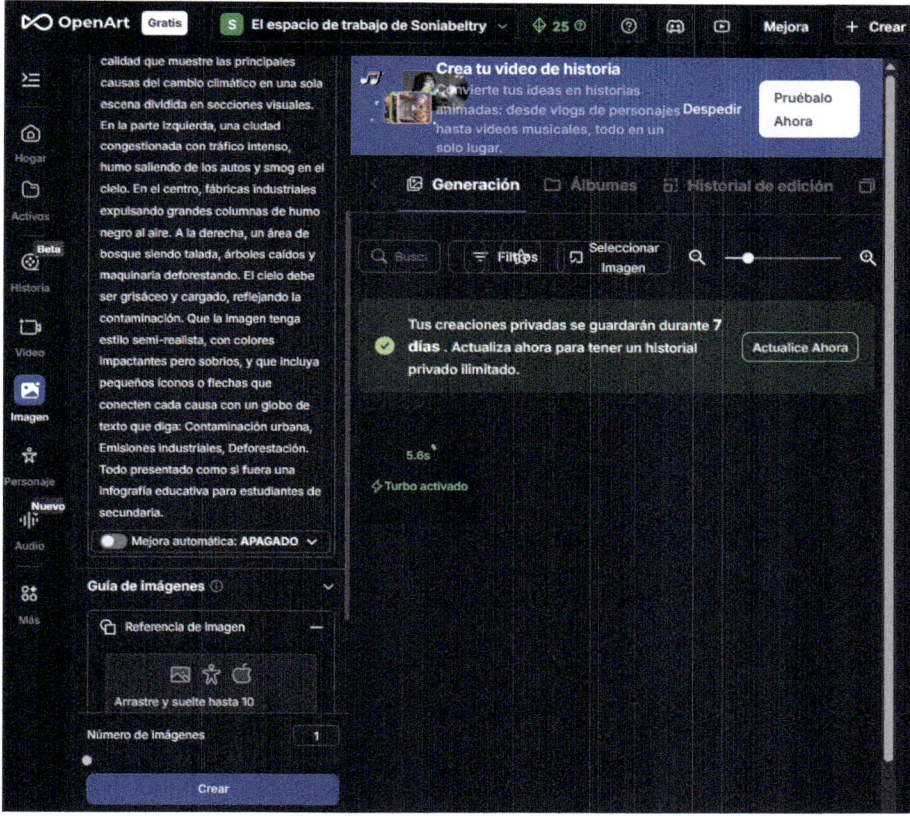

⊃ Resultado esperado: imagen proyectada que sirva como detonador visual.

 CONSEJO

La clave para sacar el máximo provecho a ChatGPT está en saber formular bien los *prompts.* En el siguiente artículo puedes descrubrir una colección de las mejores instrucciones para crear imágenes o ilustraciones.

https://redirectoronline.com/iadocentes0228

Desarrollo (explicaciones con IA adaptadas a adolescentes)

⊃ Herramienta sugerida: ChatGPT Free
⊃ Uso: cada grupo formula un *prompt* tipo:

Eres un docente de Secundaria y debes explicar qué es la deforestación a un estudiante de 13 años. Usa un lenguaje sencillo, frases cortas y un ejemplo cercano de la vida diaria para que lo entienda fácilmente. La explicación debe ser clara, educativa y mantener la atención del estudiante.

➲ Resultado esperado: explicaciones claras y cercanas que el alumnado pueda compartir con el grupo.

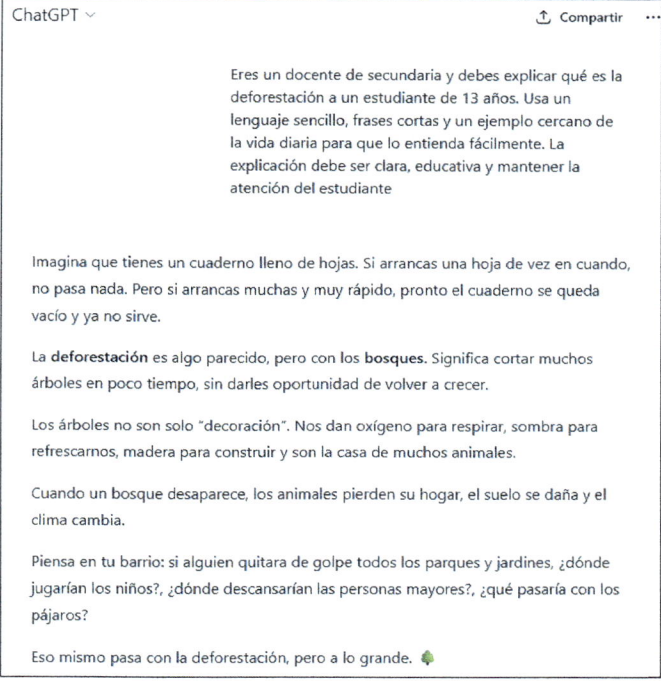

Cierre (mapa de causas colaborativo)

➲ Herramienta sugerida: Mermaid es un lenguaje muy simple que permite describir diagramas con texto. Tú escribes un código sencillo (en texto plano).

➲ ChatGPT lo interpreta y lo muestra como un **diagrama visual** (mapa de flujo, organigrama, mapa conceptual, etc.).

◔ En GPT puedes pedirlo directamente:

⇕ Escribes un *prompt* tipo:
⇕ *Genera un diagrama en Mermaid sobre las causas del cambio climático (contaminación urbana, emisiones industriales, deforestación) y muéstralo visualmente.*
⇕ El modelo devuelve el código Mermaid y lo renderiza automáticamente en la conversación (como imagen interactiva).

https://redirectoronline.com/iadocentes0229

⇕ Si no se renderizara, puedes copiar el código en un editor *online* de Mermaid.

https://redirectoronline.com/iadocentes0230

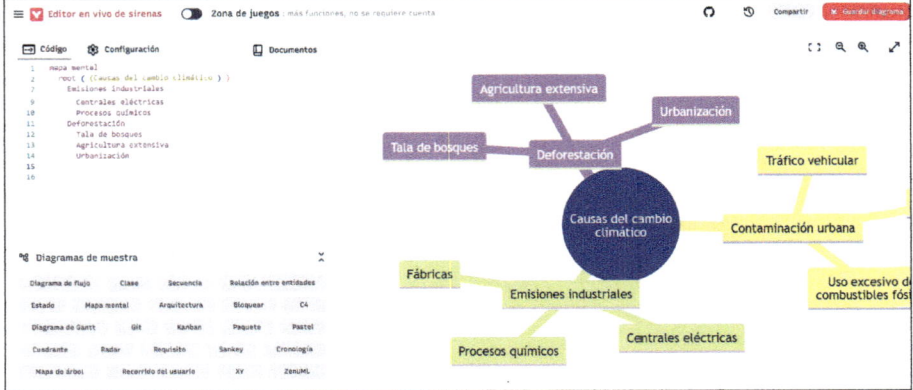

➲ Uso: entre todos, construyen un mapa digital de causas (emisiones, deforestación, consumo energético).

Genera un mapa mental sobre las causas del cambio climático para estudiantes de Secundaria. Incluye tres ramas principales: contaminación urbana, emisiones industriales y deforestación. Añade ejemplos concretos en cada rama (tráfico de autos, humo de fábricas, tala de árboles). Hazlo claro, simple y con un estilo educativo visual.

➲ Resultado esperado: mapa visual proyectado o impreso.

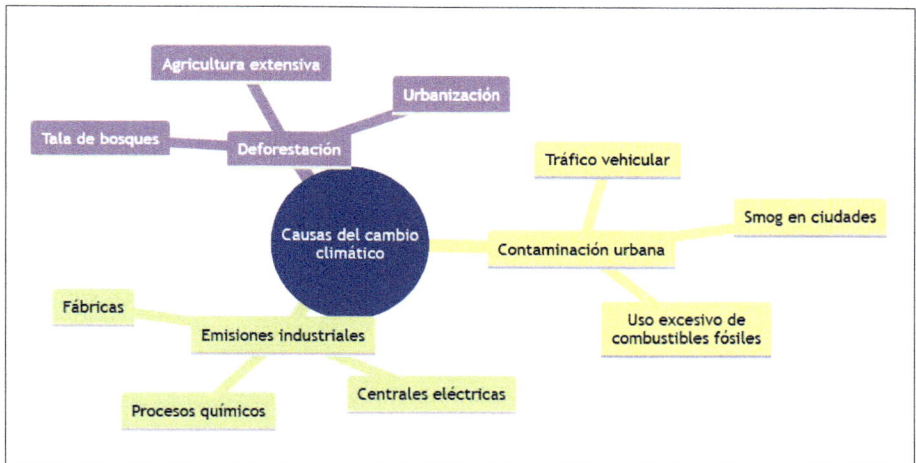

3.2. Sesión 2. Analicemos las consecuencias

Objetivo específico: reconocer consecuencias locales y globales del cambio climático.

Inicio (relato narrado por IA)

➲ Herramienta sugerida: Novelai.net (narrativa asistida con IA) o Escritor de historias sin límites en ChatGPT.
➲ Uso: generar un relato breve con la instrucción:

Escribe una historia emotiva sobre las causas del cambio climático dirigida a estudiantes de Secundaria. Por ejemplo, la historia de un adolescente que vive en una ciudad donde el clima ha empezado a cambiar mucho: olas de calor insoportables en verano, lluvias intensas que inundan las calles, parques resecos. Cuenta la historia desde tu punto de vista, como si la narraras en diario personal, con detalles de lo que ves cada día, lo que sientes en la escuela, en casa, con tus amigos. Muestra los conflictos reales: el calor que impide concentrarte, el agua que se filtra, los árboles marchitos. Usa unas 150 palabras. Al final, agrega una reflexión o una chispa de esperanza de que algo puede mejorar, tal vez algo que tú mismo podrías hacer.

Escritor de historias sin límites

Por Mohamed Benali Bendahmane ⌖

Escribe historias

Escribe una historia sobre un reino caído.	Crea una historia de traición y poder.	Imagina un mundo donde la magia está prohibida.	Cuente la historia de un defecto trágico de un héroe.

Escribe una historia emotiva sobre las causas del cambio climático dirigida a estudiantes de secundaria. Por ejemplo, la historia de un adolescente que vive en una ciudad donde el clima ha empezado a cambiar mucho: olas de calor insoportables en verano, lluvias intensas que inundan las calles, parques resecos. Cuenta la historia desde tu punto de vista, como si la narraras en diario personal, con detalles de lo que ves cada día, lo que sientes en la escuela, en casa, con tus amigos. Muestra los conflictos reales: el calor que impide concentrarte, el agua que se filtra, los árboles marchitos. Usa unas 150 palabras. Al final, agrega una reflexión o una chispa de esperanza de que algo puede mejorar, tal vez algo que tú mismo podrías hacer

\+

⟳ Resultado esperado: relato escrito como apertura.

Escritor de historias sin límites 4o ⌄

Escribe una historia emotiva sobre las causas del cambio climático dirigida a estudiantes de secundaria. Por ejemplo, la historia de un adolescente que vive en una ciudad donde el clima ha empezado a cambiar mucho: olas de calor insoportables en verano, lluvias intensas que inundan las calles, parques resecos. Cuenta la historia desde tu punto de vista, como si la narraras en diario personal, con detalles de lo que ves cada día, lo que sientes en la escuela, en casa, con tus amigos. Muestra los conflictos reales: el calor que impide concentrarte, el agua que se filtra, los árboles marchitos. Usa unas 150 palabras. Al final, agrega una reflexión o una chispa de esperanza de que algo puede mejorar, tal vez algo que tú mismo podrías hacer

Diario de Lucía – 15 de septiembre

Hoy fue otro día imposible. El calor me despertó antes del amanecer; sudaba aunque el ventilador estaba a toda velocidad. En la escuela, los profesores intentaban seguir la clase, pero nadie podía concentrarse. Algunos compañeros se marearon. El aula parecía un horno.

Afuera, el parque donde solíamos merendar después de clases está seco, sin césped, con árboles tristes y hojas quemadas por el sol. Y cuando no es calor, es lluvia: el otro día se inundó la calle frente a casa, el agua entró por la puerta y tuvimos que poner cubetas por todas partes.

Todo ha cambiado tan rápido... Me siento frustrada, pero hoy vi a unos chicos reciclando botellas en la entrada. Me uní. Es pequeño, lo sé, pero me hizo sentir que puedo hacer algo.

↓

Quizá, si más de nosotros se mueve, si aprendemos a cuidar lo que aún tenemos, el futuro puede cambiar también.

Desarrollo (preguntas de análisis en grupos)

➲ Herramienta sugerida: Perplexity AI o Elicit.org (ambas basadas en IA, útiles para obtener información validada).
➲ Uso: pedir a la IA ejemplos concretos de inundaciones, sequías o pérdida de biodiversidad en su país o región.
➲ Resultado esperado: cada grupo formula 3 preguntas y responde con base en esos datos.

Cierre (esquema causas ↔ consecuencias)

➲ Herramienta sugerida: MindMeister Free o App.diagrams.
➲ Uso: construir un esquema visual de conexiones entre causas y consecuencias.
➲ Resultado esperado: esquema compartido en la pizarra digital o proyectado.

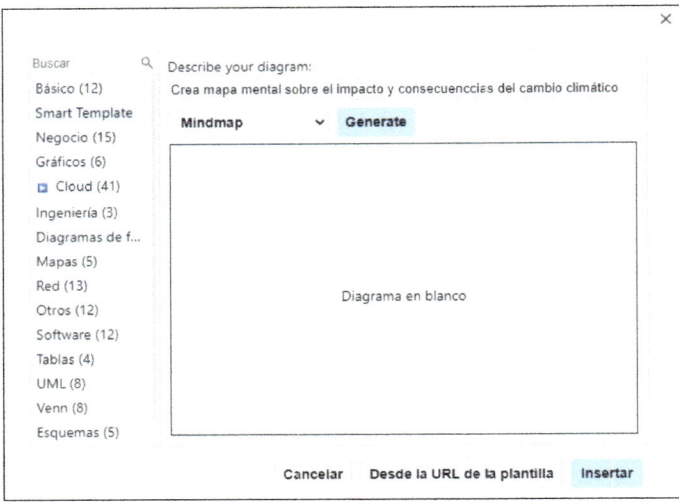

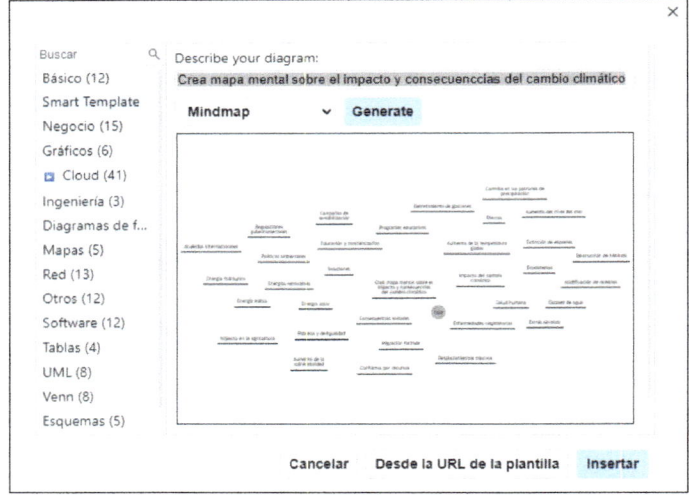

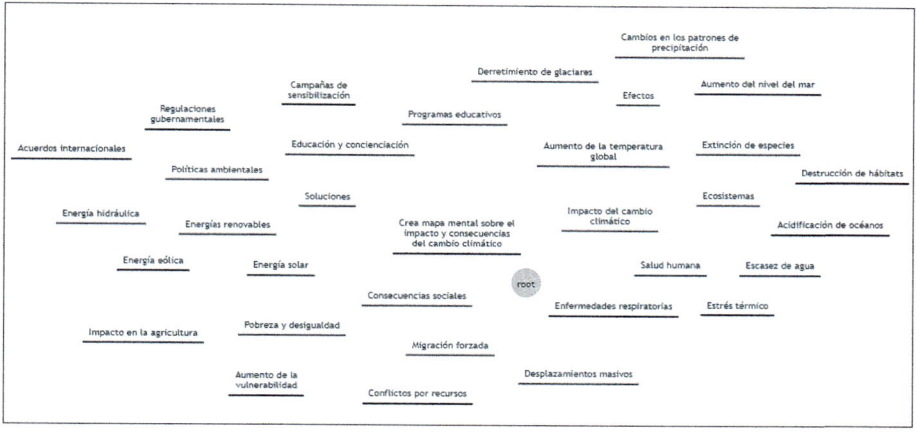

3.3. Sesión 3. Propongamos soluciones

Objetivo específico: elaborar propuestas de acción frente al cambio climático.

Inicio (acciones sugeridas por IA)

➲ Herramienta sugerida: ChatGPT Free.
➲ Uso: sugerir cinco acciones cotidianas que los adolescentes pueden hacer para reducir el impacto del cambio climático.
➲ Resultado esperado: lista inicial de acciones habituales.

Desarrollo (campaña visual con IA generativa)

➲ Herramientas sugeridas: Canva Free con Magic Media para carteles digitales. Stable Diffusion para generar ilustraciones personalizadas.
➲ Uso: los equipos diseñan un cartel con eslogan + acción + imagen.
➲ Resultado esperado: carteles digitales o en papel listos para exposición.

Cierre (mural colectivo)

➲ Herramienta sugerida: Padlet.
➲ Uso: recopilar todos los carteles en un mural colaborativo digital titulado *Nuestro compromiso con el planeta*.
➲ Resultado esperado: exposición digital o física de la campaña.

Evaluación

⮞ Rúbrica

◑ Herramienta sugerida: Quick Rubric.
◑ Criterios (escala 0-2):

⭥ Claridad en la explicación de causas y consecuencias.
⭥ Creatividad en la propuesta de acción.
⭥ Trabajo en equipo y participación.
⭥ Uso adecuado de recursos digitales/IA.

NOTA

Aprenderás a generar rúbricas con IA generativa en el epígrafe "Evaluar con IA: rúbricas, pruebas, revisión automática de textos y *feedback*".

CONSEJO

Si tu grupo no tiene acceso a dispositivos, o bien el centro no contempla su uso, puedes preparar tú las respuestas de la IA con anticipación y entregarlas impresas. Supervisa que la IA no sustituya el análisis de los estudiantes: úsala como disparador, no como "verdad absoluta", y adapta los tiempos a la realidad de tu aula.

ACTIVIDAD COMPLEMENTARIA

2. Explora y comparte recursos disponibles en la web que ayuden a diseñar y mejorar *prompts* educativos. El objetivo es que, de manera colaborativa, construyáis un pequeño repositorio de inspiración que luego sirva como base para crear unidades didácticas o programaciones con apoyo de IA.

Continúa en página siguiente >>

<< Viene de página anterior

Busca en internet un recurso fiable que proporcione ejemplos, guías o recopilaciones de *prompts* aplicables al sector de la educación. Pueden ser blogs, repositorios, artículos, páginas oficiales o guías en PDF.
Una vez seleccionado el recurso, recoge de él toda esta información:

· Título del recurso.
· URL.
· Breve explicación de qué ofrece (ejemplos de *prompts,* tutoriales, colecciones, etc.).
· Una propuesta de cómo ese recurso puede integrarse en el diseño de una unidad didáctica real.

Comenta:

a. ¿Qué ventajas ofrece para el personal docente?
b. ¿Qué limitaciones o dificultades puede tener?
c. ¿Cómo lo adaptaríais al nivel educativo en el que ejercéis la docencia?

4. IA como tutor personalizado: retroalimentación automática y adaptada al nivel del alumnado

☞ HILO CONDUCTOR

En su próxima clase, Clara prueba una herramienta que ofrece *feedback* automático. Se sorprende al ver cómo sus estudiantes reciben respuestas ajustadas a su nivel. Aunque no sustituye su mirada docente, la IA le permite atender mejor la diversidad de su aula, por lo que el acompañamiento se vuelve mucho más justo.

Es evidente que la IA podría actuar como un verdadero **asistente que retroalimenta.** Pero cuando pensamos en la retroalimentación, normalmente la vemos como un proceso entre el docente y el estudiante. Sin embargo, con la IA generativa ahora tienes la oportunidad de disfrutar de un potente asistente que te acompañará a ti y a tu alumnado a lo largo del aprendizaje con total flexibilidad, de manera ágil y personalizada. Según la UNAM

(2025), esta función es clave para favorecer la **metacognición,** es decir, la capacidad del estudiante de reflexionar sobre lo que sabe, cómo lo sabe y qué necesita reforzar.

Veamos a continuación cómo puedes aprovecharla:

- **Genera explicaciones alternativas para un tema difícil.** A veces una típica explicación no es suficiente para que el grupo comprenda una temática tratada en clase. Es entonces cuando debes aliarte con la IA, ya que puede actuar como una especie de profesor suplente capaz de proporcionar otras formas de explicar lo mismo.
  Por ejemplo, si el alumnado no entiende el significado de la ley de la palanca, pídele a tu asistente de IA lo siguiente:
  Explica la ley de la palanca de forma didáctica tal y como se lo contaras a un niño de 10 años usando el ejemplo de un columpio.
  Como valor añadido la IA generativa permite experimentar explicaciones de manera visual, narrativas, con metáforas o simplemente a través de ejemplos fáciles de entender ajustados a la realidad del alumnado (bicicletas, videojuegos, deportes). Pero, ¡ojo!, si te animas a apoyarte en la IA pide siempre 3 versiones distintas de la misma explicación. Luego, compara cuál de los resultados proporcionados ofrece la explicación más clara. Lo mismo si es el alumnado quien se asiste de la IA para reforzar su aprendizaje: oriéntalos a descubrir cómo aprenden mejor.
- **Ofrece ejemplos adaptados al nivel del alumnado.** Como profesional sabes que no todos los estudiantes aprenden al mismo ritmo ni tienen el mismo nivel motivacional. En este sentido, la IA te creará ejemplos ajustados a la edad, contexto cultural e intereses del alumno o del grupo.
  Por ejemplo, para explicar fracciones, puedes pedirle a la IA que genere ejemplos sencillos usando la temática de los videojuegos, comida típica del lugar o situaciones reales de la vida diaria. Con ello, conseguirás que la IA vaya ajustando el nivel de dificultad según el progreso del alumnado. Por ejemplo, pasar de fracciones simples (1/2, 1/4) a problemas más complejos que implican varios pasos en el cálculo.
  Como sugerencia pídele a la IA que genere ejemplos con error intencional. Esto es, un cálculo mal hecho o cualquier otra errata, de tal manera que puedas retar al alumnado a detectar y corregir el fallo. Con este tipo de actividad fomentarás el pensamiento crítico.
- **Formula preguntas de práctica con retroalimentación inmediata.** La IA es capaz de diseñar cuestionarios dinámicos que no solo devuelven el formato de correcto/incorrecto, sino que son capaces de explicar a tiempo real un *feedback* con el porqué de que cada respuesta sea adecuada o no.
  Por ejemplo, formula 5 preguntas de opción múltiple sobre el ciclo del agua para estudiantes de 12 años. Cuando el alumno responda, explica de inmediato por qué la opción es correcta o incorrecta, con un lenguaje

claro. Esto permite a los estudiantes practicar con autonomía y detectar en qué parte del razonamiento falló.

Como sugerencia, combina este método con un registro de autoevaluación de tal manera que, después de cada retroalimentación de la IA, el estudiante anote:

1. Lo que ya domina.
2. Lo que aún necesita practicar.
3. Qué estrategia de estudio podría probar.

 PARA SABER MÁS

Si quieres explorar más allá de la práctica básica, existen herramientas de IA que ya están diseñadas para generar **cuestionarios interactivos con retroalimentación inmediata,** lo cual te permitirá ahorrar tiempo y, sobre todo, enriquecer la experiencia de aprendizaje de tu alumnado. Entre estos recursos digitales están los siguientes:

- **ChatGPT** tanto en su versión gratuita como Plus. Con un *prompt* bien formulado, puedes crear preguntas de opción múltiple y pedir a la IA que explique cada respuesta, correcta o incorrecta. Es ideal para prácticas rápidas y personalizadas.
- **Quizgecko.** Esta plataforma convierte textos o temas en cuestionarios automáticos. Ofrece distractores de calidad y retroalimentación inmediata, lo que la hace muy útil si buscas una alternativa sencilla al diseño manual.
- **Khanmigo,** de Khan Academy. Es un tutor virtual con IA integrado en Khan Academy. Su fortaleza está en acompañar al estudiante paso a paso, ofreciendo explicaciones claras y adaptadas a la edad.
- **Conker AI.** Herramienta de la empresa Mote que genera evaluaciones rápidas. Permite diseñar preguntas que no solo verifican si la respuesta es correcta, sino que también explican el porqué.

Como sugerencia, comienza probando con ChatGPT en su versión gratuita para ensayar la dinámica con tu alumnado. Una vez domines la técnica, puedes experimentar con herramientas más especializadas como Quizgecko o Conker AI.

SABÍAS QUE...

Lo más valioso no es que la IA proporcione respuestas correctas, sino que **abra un diálogo de reflexión.** Puedes enseñar a tu alumnado a pedir a la IA cosas como: "Hazme preguntas cada vez más difíciles sobre este tema hasta que te diga que ya no puedo responder". O bien: "Explícame qué error cometí como si fueras mi compañero de clase".

De esta manera, la retroalimentación no se queda en lo superficial, sino que impulsa al estudiante a **pensar sobre su propio pensamiento,** que es la esencia de la **metacognición.**

- -

Los **chatbots educativos** son un tipo de **agente de inteligencia artificial** diseñado para interactuar con estudiantes mediante el diálogo, ofreciendo orientación, *feedback* y acompañamiento en su aprendizaje.

Un agente de inteligencia artificial es un sistema o programa capaz de percibir su entorno, procesar información y actuar de forma autónoma para lograr un objetivo determinado. Se trata de una entidad virtual capaz de tomar decisiones o realizar tareas por sí misma, basándose en los datos que recibe y en las instrucciones o algoritmos con los que ha sido entrenada.

IMPORTANTE

En el ámbito educativo, un agente de IA puede presentarse en forma de **chatbot conversacional,** que responde preguntas, guía actividades u ofrece retroalimentación, **tutor inteligente,** que adapta los contenidos al ritmo y nivel

Continúa en página siguiente >>

<< Viene de página anterior

del estudiante, o como **asistente docente,** que organiza materiales, genera rúbricas o sugiere estrategias pedagógicas.

Su objetivo no es sustituir al profesorado, sino complementar la labor humana, automatizando tareas rutinarias y potenciando una enseñanza más personalizada y significativa.

Según Fernández-Ferrer (2023), estos agentes inteligentes no solo facilitan la resolución de dudas, sino que pueden servir para estimular el pensamiento crítico, la autorregulación y el aprendizaje colaborativo, convirtiéndose en una herramienta clave para la docencia del siglo XXI.

 ## PARA SABER MÁS

Descarga el informe ***Chatbots en educación. Tendencias actuales y desafíos futuros*** para profundizar en su aplicación pedagógica. Descubrirás tendencias, beneficios y retos del uso de chatbots y agentes de IA en la enseñanza, destacando su potencial para ofrecer aprendizajes personalizados y experiencias interactivas en distintos niveles educativos.

https://redirectoronline.com/iadocentes0202

----

5. IA como herramienta para desarrollar creatividad (texto, imagen, audio y vídeo)

☞ HILO CONDUCTOR

Clara ha dado un salto en su práctica: ya no se queda solo en pedir a la IA textos o ejercicios, sino que la convierte en un laboratorio de creación multimodal. Con ayuda de herramientas accesibles, su alumnado produce imágenes, graba audios con voces sintéticas y hasta crea pequeños vídeos. De pronto, la clase se transforma en un espacio de innovación, donde la creatividad deja de ser privilegio de unos pocos y pasa a ser una experiencia compartida.

Las herramientas generativas permiten crear **materiales educativos integrados y multimodales.** Con ellas es posible producir **textos** en forma de guiones, diálogos o microcuentos que se convierten en la base de nuevos proyectos. A partir de esas narraciones, el alumnado, o el profesorado, puede generar **imágenes** para ilustrar escenas, elaborar infografías o construir mapas conceptuales para alimentar cualquier trayecto de aprendizaje. Los mismos guiones también pueden transformarse en **audios,** dando lugar a pódcasts, narraciones orales o cápsulas de radio con voces sintéticas realistas, ideales incluso para actividades extraescolares. Finalmente, la combinación de texto y audio puede dar origen a **vídeos** como recursos animados, explicaciones visuales o dramatizaciones históricas que enriquecen la experiencia en los procesos de enseñanza-aprendizaje.

👁 EJEMPLO

Imagina que en clase de ciencias naturales el alumnado escribe un microcuento sobre el cambio climático.

1. Primero redactan el texto con ayuda de una IA generativa, por ejemplo, con la versión gratuita de ChatGPT.
2. Después, transforman ese guion en un **archivo de audio** con voces sintéticas realistas usando TextoAVoz.

Continúa en página siguiente >>

<< Viene de página anterior

3. El resultado es un pódcast breve, narrado como si fuese un relato infantil, que luego se puede escuchar en clase o compartir en la web del colegio.

Diario de Lucía 15 de septiembre.mp3

Como beneficio a nivel didáctico se puede considerar que el alumnado no solo practica la redacción de textos científicos en formato narrativo, sino que también los convierte en **productos sonoros accesibles.** Esto enriquece la experiencia multimodal, favorece la comprensión auditiva y permite incluir a estudiantes con distintas formas de aprendizaje.

 **CONSEJO**

Propón a tus alumnos y alumnas comparar cómo suena el mismo cuento con diferentes voces (masculina, femenina, infantil, robótica) con idea de reflexionar sobre qué versión transmite mejor la emoción de la historia.

Con herramientas de inteligencia artificial como DALL-E o Nano Banana es posible transformar un relato en imágenes que transmitan emociones y detalles de un escenario concreto. Por ejemplo, a partir del audio generado con www.textoAVoz.com titulado *El diario de Lucía, 15 de septiembre,* podemos crear una ilustración que plasme las experiencias y sentimientos de Lucía frente al cambio climático en su vida diaria. Para ello, basta con utilizar un *prompt* como el siguiente:

Crea una ilustración realista y emocional que represente el diario de Lucía, una adolescente que reflexiona sobre el cambio climático en su vida cotidiana. La escena debe mostrar: un cielo de septiembre con calor sofocante y sol intenso; un aula escolar donde se habla de incendios forestales, con imágenes de bosques ardiendo y animales huyendo; un mercado con frutas y verduras escasas y caras, reflejando el impacto de las sequías; una calle urbana inundada por lluvias torrenciales repentinas, con charcos y gente sorprendida; y, finalmente, un grupo de jóvenes reciclando y usando bolsas reutilizables, transmitiendo esperanza. El estilo debe ser narrativo, como una mezcla entre diario ilustrado y realismo poético, con detalles expresivos que muestren tanto la preocupación como la esperanza de Lucía.

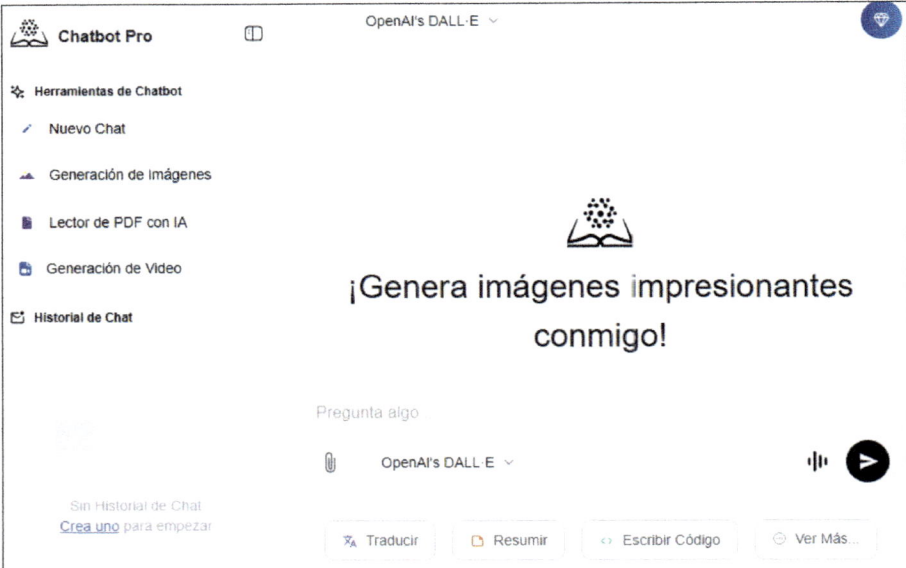

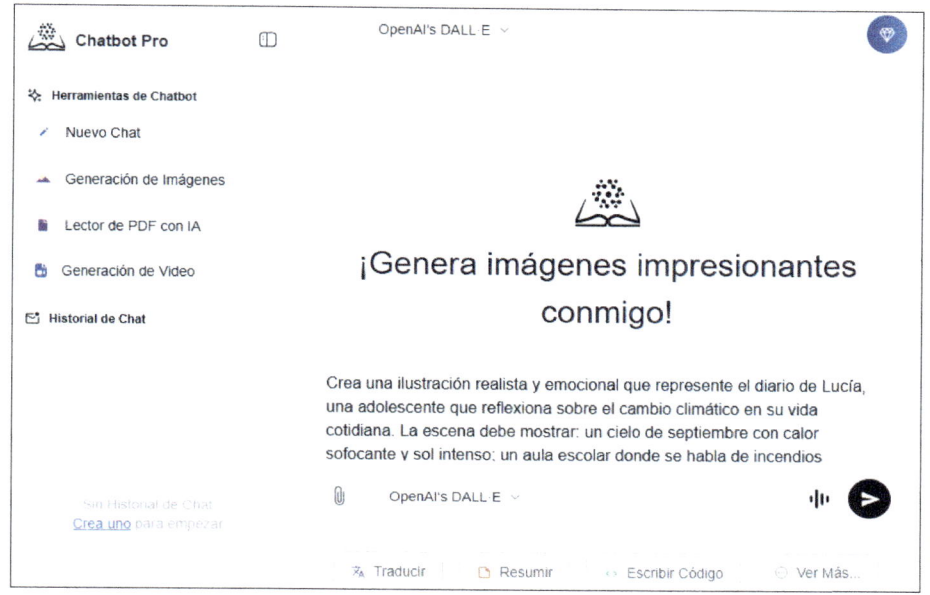

Para que puedas transformar texto a vídeo y poder hacer una campaña de concienciación dirigida a tu alumnado, has de generar antes un *prompt* con la ayuda de la IA. Esta instrucción te servirá para crear el vídeo con herramientas de IA destinadas para este fin.

Comienza por pedirle a tu chatbot que genere un *prompt* con estas características:

➲ Instrucciones para generar un *prompt* para vídeo corto - "Lucía y el clima cambiante"

 ❂ Estilo visual: diario ilustrado + realismo poético.
 ❂ Duración: 8 segundos aprox.
 ❂ Tono: reflexivo, emotivo, con cierre esperanzador.
 ❂ Personaje principal: Lucía, una adolescente con mirada curiosa y preocupada.

Ejemplo de *prompt* generado

Una adolescente reflexiona sobre el cambio climático en su vida cotidiana. Inicia con un cielo de septiembre: sol intenso, calor sofocante, la luz quema en tonos dorados, mientras Lucía observa desde su ventana, sudando en su uniforme escolar. Transición a un aula: la profesora habla de incendios forestales. Se proyectan imágenes impactantes de bosques ardiendo y animales huyendo. Lucía anota en su cuaderno con preocupación.
Corte al mercado del barrio: estantes medio vacíos, frutas marchitas, precios altos. Lucía mira con frustración mientras su madre duda entre qué comprar. En otra escena, una calle urbana se inunda por lluvias torrenciales repentinas. Gente corre sorprendida, se forman charcos reflejando el cielo gris. Lucía pisa uno con sus botas, pensativa.
Finalmente, la escena cambia a esperanza: un grupo de jóvenes, incluida Lucía, recicla botellas, usa bolsas reutilizables, se miran con complicidad. El sol baja suavemente entre las nubes. Voz en off de Lucía que dice: "No puedo cambiar el mundo sola… pero puedo empezar por mí".
Música: *piano suave con cuerdas ambientales, transiciones climáticas entre tensión y calma.*
Paleta de color: *cálidos opresivos al inicio, tonos grises en la tormenta, verdes y dorados suaves al final.*

Una vez dispongas de un buen *prompt,* dirígete por ejemplo a la plataforma DeeVid Ai y utiliza sus créditos gratis para probar este tipo de herramientas. Te permitirá pasar de imágenes a vídeo, de texto a vídeo y muchas otras opciones más.

Utiliza la instrucción generada por tu chatbot y añade la imagen que representa la escena de *El diario de Lucía*. Luego, basta con pulsar el botón de **Crear.**

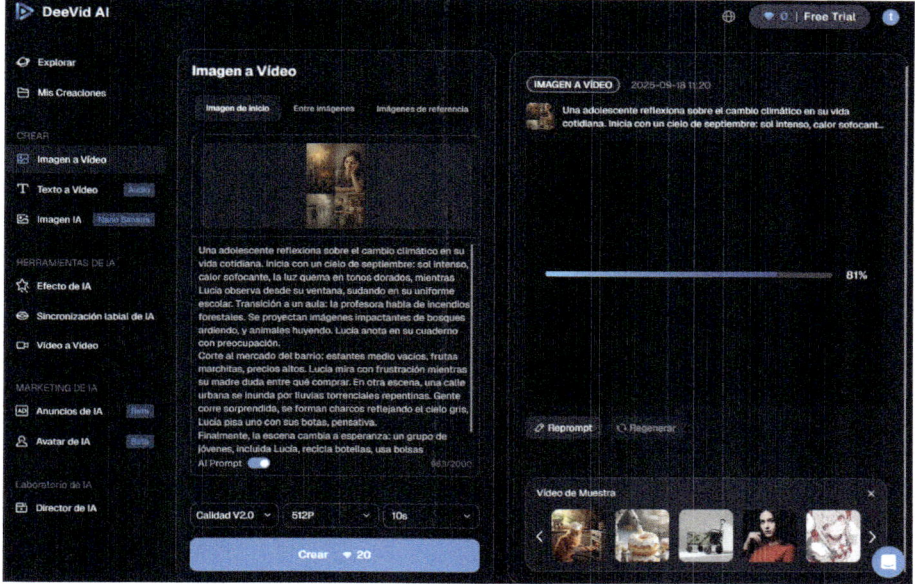

Transcurrido un breve espacio de tiempo, ya tendrás tu vídeo listo. Este es el resultado:

Vídeo de El Diario de Lucía.mp4

https://redirectoronline.com/iadocentes0206

Los recursos mostrados están pensados para profesionales como tú que tienen interés en aprender a utilizar la IA como un verdadero asistente, experimentando nuevas formas de emplearla en sus procesos educativos. No obstante, existen recursos de código abierto con funciones ilimitadas y gratuitas que requieren de más tiempo de aprendizaje. Este es el caso de la plataforma Comfy. A continuación, vas a conocer algo más de esta interesante herramienta.

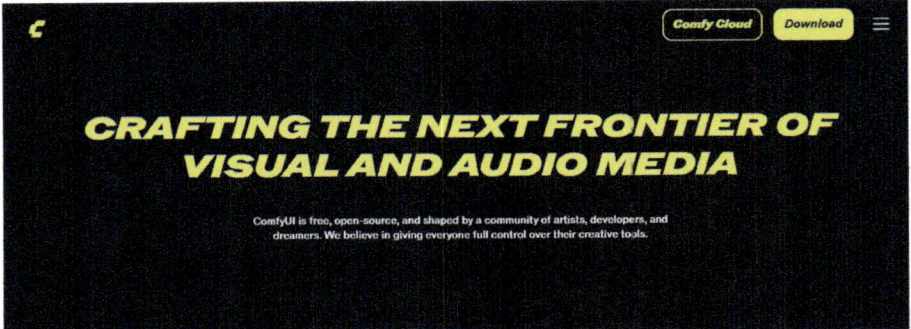

ComfyUI es una plataforma de código abierto pensada para trabajar con modelos de IA generativa, sobre todo con Stable Diffusion. Permite crear recursos de gran calidad gracias a su sistema de nodos modulares, que ofrece un control detallado del proceso creativo.

Con Comfy podrás obtener recursos visuales únicos sin depender de bancos de imágenes, al mismo tiempo que te permitirá que tu alumnado conecte con lo visual y lo narrativo facilitando el desarrollo la creatividad. Con Comfy podrás generar de forma gratuita:

- Imágenes realistas o artísticas a partir de texto.
- Variaciones y combinaciones de imágenes para proyectos educativos o creativos.
- Flujos de trabajo personalizados que integran distintos efectos, estilos visuales o ajustes de calidad.
- Ediciones avanzadas como *inpainting,* o lo que es lo mismo, rellenar o modificar zonas de una imagen, y *upscaling,* lo que significa mejorar la resolución.

A continuación, vas a conocer qué pasos deberías dar para poder utilizar Comfy dentro de un contexto educativo. Por ejemplo, en una clase de secundaria quieres que tu alumnado explore la biodiversidad de la selva amazónica de una forma visual y muy motivadora:

◌ **Prepara el guion con IA textual con ChatGPT.** Pide un breve texto descriptivo sobre la vida en la selva amazónica, mencionando animales, plantas y amenazas ambientales.

◌ **Diseña las imágenes en Comfy.** Ejemplo de *prompt:*

> *Ilustración realista de la selva amazónica al amanecer con árboles gigantes, lianas colgantes, tucanes y guacamayos en vuelo, un jaguar descansando en la sombra y un río serpenteando entre la vegetación. Colores vivos y luz dorada suave.*

Ajusta con nodos para controlar estilo, nitidez y nivel de detalle.

◌ **Obtén resultados.** Imágenes realistas y de alta calidad para proyectar en clase.
Posibilidad de generar varias versiones, como amanecer, lluvia, atardecer, etc., para mostrar distintos escenarios del ecosistema.

◌ **Propón una actividad en clase.** En grupos, los y las estudiantes analizarán las ilustraciones. Deberán relacionar cada elemento con conceptos vistos en la unidad, por ejemplo, la fauna, flora, interdependencias, etc. Después, redactan un pequeño informe o relato donde expliquen cómo interactúan esos elementos en la selva.

NOTA

Aunque es más complejo que herramientas como DALL·E o Canva, su potencial es mucho mayor, especialmente para quienes deseen avanzar hacia proyectos creativos más profesionales.

- -

El siguiente tutorial explica de forma muy didáctica cómo instalar, configurar y empezar a trabajar con Comfy. Aunque en principio no es fácil, el vídeo muestra paso a paso cómo se organizan los nodos y cómo a partir de ellos se pueden generar imágenes sorprendentes.

 **VÍDEO**

Para dar los primeros pasos con esta herramienta llamada Comfy, te sugiero ver siguiente vídeo:

https://redirectoronline.com/iadocentes0208

Este recurso es ideal para **docentes y profesionales** que quieran comprender cómo funciona el programa antes de profundizar en sus posibilidades más avanzadas.

 SABÍAS QUE...

ComfyUI está diseñado principalmente para generar y manipular imágenes con Stable Diffusion y otros modelos visuales; no es un editor de vídeos tradicional. Sin embargo, sí **podrás utilizar Comfy para crear vídeos a partir de imágenes,** combinando varios procesos. Toma nota de ellos:

• *Frame by frame,* es decir, fotograma a fotograma. Con extensiones y nodos, puedes generar una secuencia de imágenes que luego se unen como un vídeo.
• **Con la interpolación de imágenes,** ya que algunos flujos en Comfy permiten crear transiciones suaves entre imágenes, dando sensación de movimiento.
• **Con la integración con herramientas externas.** Los *frames* creados en Comfy se exportan y luego se montan en programas como DaVinci Resolve, After Effects, Premiere o incluso con IA como DeeVid AI o Runway para darles continuidad en vídeo.

A continuación se muestran algunas de las **ventajas clave** que aporta la IA cuando se integra como **herramienta de apoyo** en el aula:

La IA como puente entre disciplinas
- Con ejemplos como la actividad de *El diario de Lucía*, se puede observar que la IA sirve de puente entre distintas disciplinas. Por ejemplo, un mismo relato permite transformarse en texto, audio, imagen y vídeo. Esto no solo facilita la alfabetización multimodal, sino que conecta ciencias, lengua, arte y tecnología en un único proyecto, algo difícil de lograr con métodos y herramientas más tradicionales.

Mayor motivación y participación del alumnado
- Por otra parte, al ver que las ideas se convierten en productos reales (pódcasts, ilustraciones, vídeos, etc.), la juventud siente que su trabajo trasciende más allá del aula. La IA se convierte en una herramienta eficaz para dar voz y visibilidad a su creatividad, fomentando un aprendizaje mucho más auténtico.

Accesibilidad e inclusión real
- Los recursos generados, como audios, vídeos o infografías, permiten que estudiantes con diferentes estilos de aprendizaje, como el visual, auditivo o kinestésico, accedan al contenido de forma adaptada a ellos. Esto responde directamente a la diversidad presente en el aula.

Aprendizaje basado en proyectos con impacto social
- Convertir un microcuento en una campaña multimedia sobre el cambio climático transforma el aprendizaje en una experiencia con propósito. La IA ayuda a que el alumnado trabaje en proyectos con relevancia social y emocional, aumentando la conciencia crítica.

Docentes como facilitadores, no como personal técnico
- El valor no está en que el profesorado domine todas las técnicas y herramientas digitales, sino en saber qué pedirle a la IA y cómo guiar al alumnado a la hora de utilizarla. No hay que olvidar que la IA se encarga de lo técnico, pero el docente se encarga de lo pedagógico y lo humano.

Escalabilidad y reutilización
- Un proyecto creado una vez con IA, como el cuento de Lucía convertido en vídeo, puede utilizarse en años posteriores, compartirse entre docentes o adaptarse a distintos niveles educativos, multiplicando el valor de la inversión inicial de tiempo.

NOTA

La IA no solo facilita tareas, sino que amplía el campo de acción docente, permitiendo llevar a las aulas experiencias que antes eran impensables, como es el producir un cortometraje o un pódcast en una sola sesión de clase.

SABÍAS QUE...

Internet puede convertirse en una poderosa aliada educativa si sabes dónde buscar. Plataformas como Project Gutenberg, Elejandria, Open Library o la Biblioteca Cervantes Virtual ofrecen miles de libros de dominio público para leer o descargar gratuitamente y de forma legal. Estos recursos son ideales para **inspirar proyectos creativos con IA,** fomentar la lectura crítica o elaborar materiales didácticos que integren literatura clásica y contemporánea. Explorar estas bibliotecas digitales puede ser el primer paso para que docentes y estudiantes combinen el acceso libre al conocimiento con la creación de nuevos contenidos educativos.

Por ejemplo, invita a tu alumnado a explorar obras de dominio público en Project Gutenberg o Cervantes Virtual. Elegir un relato clásico como *La metamorfosis* de Kafka o *Don Quijote de la Mancha* y utilizar una herramienta de IA generativa como ChatGPT o DALL·E para reinterpretarlo de forma creativa:

- En **lengua y literatura,** los estudiantes pueden pedir a la IA que reescriba un capítulo desde la perspectiva de otro personaje o que imagine una continuación ambientada en el siglo XXI.
- En **artes visuales,** pueden generar ilustraciones o carteles inspirados en las escenas más representativas de la obra.
- En **comunicación o idiomas,** pueden transformar el texto en un guion de pódcast o vídeo narrativo con voces sintéticas.

De esta forma, las bibliotecas digitales se convierten en puntos de partida para crear nuevos productos culturales donde la lectura y la IA dialogan para fomentar la creatividad, el pensamiento crítico y la expresión multimodal en el aula.

- **Gutenberg.** Miles de libros gratuitos de dominio público en varios idiomas, incluido el español.

Continúa en página siguiente >>

<< Viene de página anterior

- **Google Play Books.** Sección con libros gratuitos y fáciles de descargar desde cualquier dispositivo.
- **Elejandria.** Biblioteca con obras clásicas gratuitas en español y distintos formatos.
- **WikiSource.** Colección colaborativa de textos literarios e históricos de dominio público.
- **Open Library.** Proyecto abierto para leer, prestar y descargar libros digitales gratuitos.
- **Cervantes Virtual.** Biblioteca digital con miles de obras en español, de autores clásicos y actuales.
- **Info Libros.** Plataforma con libros gratuitos organizados por temas y categorías.
- **Planeta Libro.** Catálogo de libros gratuitos en español para leer en línea o descargar.

----

6. Actividad práctica: generar recursos visuales o audiovisuales con IA para tu clase

👉 **HILO CONDUCTOR**

Ahora, Clara planifica una actividad en la que su alumnado debe generar contenido visual con IA. Desde fichas hasta minidocumentales, los resultados son muy diversos y potentes. Clara comprende que estas herramientas no solo impactan el qué, sino también el cómo se aprende.

Hoy en día es bien sabido que el alumnado aprende no solo leyendo y memorizando, sino que también lo hace escuchando, experimentando emociones o viendo contenidos atractivos. Por eso, la IA generativa ofrece una oportunidad única, poder transformar las lecciones de clase en **experiencias visuales y auditivas** que capten la atención del alumnado y refuercen el aprendizaje.

 **NOTA**

Al convertir una narración en un recurso de audio, imagen o vídeo, puedes conseguir que conceptos abstractos cobren vida y que se conviertan en historias fáciles de recordar.

La siguiente actividad busca que tu clase de ciencias naturales se convierta en un espacio creativo y diferente. Vas a invitar a tu alumnado a trabajar en un proyecto titulado *El viaje de una gota de agua*.

Como punto de partida, se pedirá a la IA que redacte un guion breve sobre esta temática. Por ejemplo, un resultado posible de tu *prompt* podría ser el siguiente:

> *Hola, soy una pequeña gota de agua. Un día estaba en el mar y el sol me calentó tanto que me convertí en vapor.*
> *Viajé hacia el cielo y me uní a muchas otras gotas formando una nube.*
> *Cuando la nube estuvo llena, caí como lluvia sobre una montaña.*
> *Después, bajé por un río hasta volver de nuevo al mar. ¡Y así comienza otra vez mi viaje!*

¿Qué tendrán que hacer tus estudiantes? El reto consiste en transformar este texto, u otro que generen con IA, en un recurso sonoro, siguiendo estos sencillos pasos:

1 - Copiar el texto anterior generado por el chatbot.

2 - Ir a https://textoavoz.com.

3 - Pegar el guion en el cuadro de texto.

4 - Elegir una voz (puede ser masculina, femenina o juvenil).

Continúa en página siguiente >>

<< Viene de página anterior

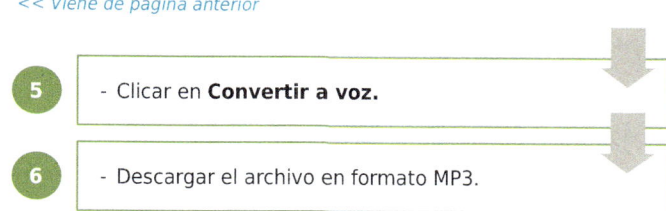

5   - Clicar en **Convertir a voz.**

6   - Descargar el archivo en formato MP3.

Como resultado, cada grupo de estudiantes habrá elaborado en equipo un breve pódcast, narrado con voz humana generada por la IA, consiguiendo transmitir un mensaje atractivo sobre el poder de la naturaleza y el importante ciclo del agua. Posteriormente, compartirán sus audios en clase y, de manera colectiva, construirán una lista con las principales lecciones aprendidas acerca del ciclo hidrológico. Posteriormente, toca evaluar.

IMPORTANTE

El uso de la IA en esta actividad resulta totalmente pertinente. Integra de forma equilibrada los contenidos curriculares de ciencias naturales con el desarrollo de competencias digitales y creativas. Permite transformar un concepto científico abstracto, como es el ciclo del agua, en una experiencia narrativa y auditiva que facilita la comprensión, refuerza la memoria y despierta el interés del alumnado. Desde el punto de vista didáctico, constituye un ejemplo de aprendizaje multimodal, ya que combina la lectura, escucha y producción de contenidos, al mismo tiempo que promueve la participación activa. Además, abre la puerta a ampliar la experiencia mediante la creación de recursos visuales, como imágenes o vídeos, que enriquecen aún más el proceso de aprendizaje.

7. Evaluar con IA: rúbricas, pruebas, revisión automática de textos y *feedback*

 **HILO CONDUCTOR**

A la hora de evaluar, Clara explora cómo la IA puede ayudarle a crear rúbricas o revisar textos. Se siente más segura al tener una estructura clara y coherente.

Continúa en página siguiente >>

<< Viene de página anterior

La IA le da otra mirada sobre la evaluación: menos punitiva y, sobre todo, más orientada al crecimiento.

Los **procesos de enseñanza-aprendizaje** son el conjunto de **acciones, interacciones y estrategias** mediante las cuales el profesional docente guía y acompaña al alumnado en la construcción de conocimientos, el desarrollo de habilidades y la formación de actitudes.

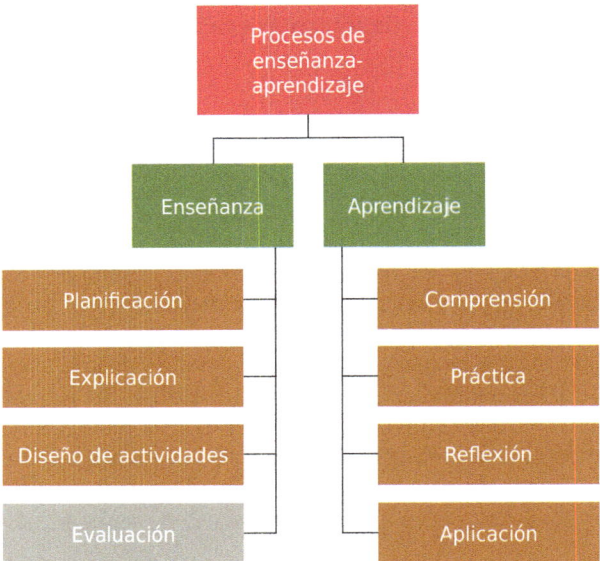

En estos procesos de enseñanza-aprendizaje la IA generativa se integra perfectamente como **aliada pedagógica** en diferentes fases del proceso.

Veamos a continuación cada proceso, a fin de descubrir cómo la IA se integra perfectamente en la enseñanza, en el aprendizaje y en la evaluación:

➲ **En la enseñanza.** Apoyando al personal docente en el diseño de materiales, la planificación de clases y la creación de recursos personalizados. Por ejemplo, la conocida plataforma Canva es una potente aplicación que te permite generar presentaciones atractivas utilizando una infinidad de plantillas.

⮑ **En el aprendizaje.** Ofreciendo al alumnado experiencias más interactivas, adaptadas a su nivel y ritmo, con retroalimentación inmediata. Canva también ofrece la oportunidad de conseguir que tus clases sean mucho más interactivas. Gracias a la integración de recursos que esta plataforma brinda, y con aplicaciones adicionales como AI Image Enhancer, Lucky Wheel, Bingo Cards o Activities Maker, podrás diseñar todo tipo de propuestas educativas y transformar tu aula en experiencias dinámicas.

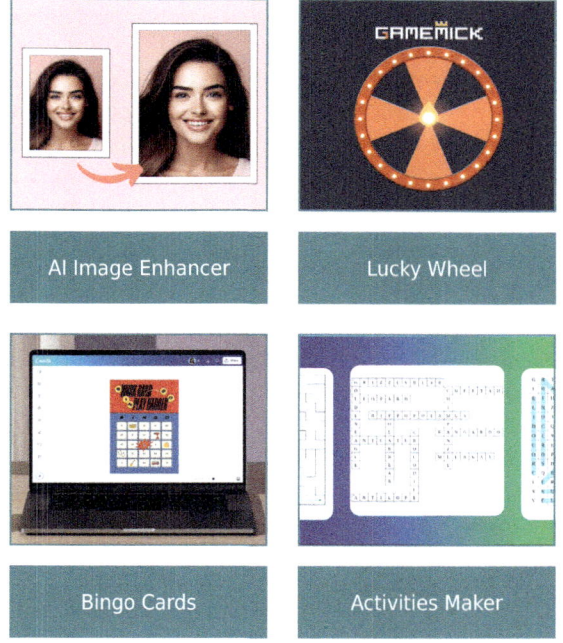

➲ **En la evaluación.** Generando rúbricas, pruebas o retroalimentación automática que libera tiempo al profesorado para centrarse en lo más humano, que es el acompañamiento, la orientación y la motivación.

 **EJEMPLO**

En el proceso de enseñanza una docente pide a la IA que diseñe una unidad didáctica de tres sesiones sobre la biodiversidad del Amazonas, con actividades diferenciadas para alumnos de distintos niveles de comprensión. La IA sugiere lecturas, imágenes y un pequeño vídeo introductorio generado automáticamente.

En el proceso de aprendizaje, los chicos y las chicas exploran ese material y, según su nivel, la IA les ofrece explicaciones totalmente personalizadas, ya sean más simples o más profundas. Al mismo tiempo, pueden conversar con un asistente virtual que responde a sus dudas como si fuera un guía del Amazonas.

Finalmente, en el proceso de evaluación, la IA genera un cuestionario adaptativo con retroalimentación inmediata. Cada alumno/a recibe no solo un *feedback* si acertó o no, sino también una breve explicación. La IA crea, además, una rúbrica automática que la profesora revisa y ajusta, ahorrando tiempo para dedicarlo a comentar en persona las reflexiones y aprendizajes de cada grupo.

En una sola propuesta, la IA acompaña la planificación, el aprendizaje activo y la evaluación formativa, mientras el rol del docente se centra principalmente en guiar, motivar y dar sentido humano a la experiencia de aprendizaje.

Como profesional de la docencia habrás comprobado que la evaluación siempre ha sido uno de los procesos que más tiempo requiere. La IA generativa no viene a reemplazar el juicio pedagógico, sino a **optimizar las tareas técnicas** para que el profesorado pueda concentrarse en lo más importante, es decir, el acompañamiento, la guía y la orientación del alumnado.

A continuación, se muestra cómo la IA apoya diferentes momentos del proceso de evaluación.

7.1. Rúbricas inteligentes

La IA permite diseñar una primera versión de rúbricas a partir de los criterios que indiques: competencias, niveles de desempeño y descriptores observables.

En lugar de partir de cero, recibes por parte de la IA un borrador ajustable a fin de poderlo contextualizar y adaptarlo al nivel de tu grupo de estudiantes.

 **EJEMPLO**

Diseña una rúbrica con 4 niveles de desempeño para evaluar un proyecto de ciencias en Secundaria. Los criterios son: investigación, creatividad, presentación oral y trabajo en equipo. Explica cada nivel con frases claras para estudiantes de 12 años.

A modo de sugerencias, pide a la IA que simule ejemplos de respuestas para comprobar si los descriptores de la rúbrica son claros y diferenciables.

7.2. Generación de pruebas y cuestionarios adaptativos

Más allá de crear preguntas de opción múltiple, la IA te permite diseñar pruebas progresivas que se adapten al nivel del alumnado. Por ejemplo, en una misma prueba sobre el ciclo del agua, puedes solicitar a la IA que genere preguntas básicas (recordar) y luego otras de análisis o aplicación.

 **EJEMPLO**

Crea un cuestionario de 4 preguntas sobre el ciclo del agua para estudiantes de 12 años. La primera debe ser muy básica (recordar), la segunda intermedia (comprender), la tercera más compleja (aplicar) y la cuarta de nivel alto (analizar). Tras cada respuesta, explica por qué es correcta o incorrecta.

Continúa en página siguiente >>

<< Viene de página anterior

Posible resultado:

- **Pregunta básica**

  ¿Cómo se llama el proceso por el que el agua se convierte en vapor?
  Retroalimentación: "Correcto, se llama 'evaporación' porque el calor del sol transforma el agua líquida en gas".

- **Pregunta intermedia**

  ¿Qué papel juegan las nubes en el ciclo del agua?
  Retroalimentación: "Son el lugar donde se acumula el vapor de agua que luego se convierte en lluvia".

- **Pregunta de aplicación**

  Si en una ciudad hay menos árboles, ¿cómo podría afectar al ciclo del agua?
  Retroalimentación: "Los árboles ayudan a que el agua regrese a la atmósfera por transpiración, así que habría menos humedad en el aire".

- **Pregunta de análisis**

  Explica cómo el ciclo del agua conecta el océano con la vida en la tierra.
  Retroalimentación: "El océano es la principal fuente de evaporación. La lluvia que cae alimenta ríos y suelos, lo que permite la vida vegetal y animal".

- -

Esta forma de proceder, te permitirá evaluar no solo la capacidad memorística, sino también niveles superiores de la taxonomía de Bloom.

Herramientas como Khanmigo facilitan esta retroalimentación inmediata y adaptativa.

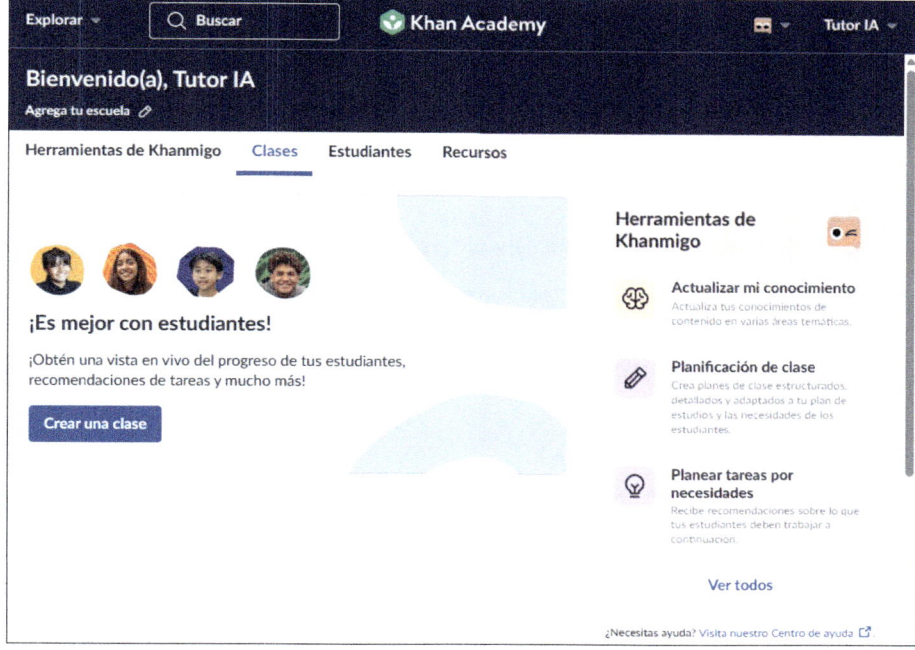

En el apartado **Herramientas de Khanmigo** dispones de un generador de rúbricas. Podrás diseñar rúbricas analíticas para evaluar el desempeño de tu alumnado en tareas y también en el uso de plataformas digitales o proyectos.

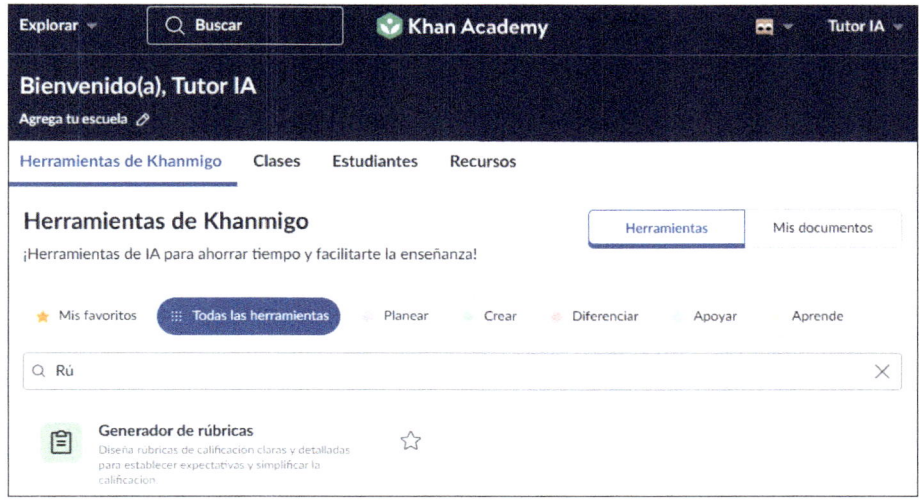

Ejemplo de *prompt* para generar rúbrica educativa para Secundaria

*Crea una rúbrica con 4 criterios para evaluar las posibles respuestas de un cuestionario sobre el **ciclo del agua** para estudiantes de 12 años.*

Las preguntas están diseñadas en distintos niveles de complejidad según la taxonomía de Bloom:

1. *Recordar: ¿cómo se llama el proceso por el que el agua se convierte en vapor?*
2. *Comprender: ¿qué papel juegan las nubes en el ciclo del agua?*
3. *Aplicar: si en una ciudad hay menos árboles, ¿cómo podría afectar al ciclo del agua?*
4. *Analizar: explica cómo el ciclo del agua conecta el océano con la vida en la tierra.*

Criterios de la rúbrica

1. **Precisión conceptual**
   - *Evalúa si el estudiante usa los términos científicos correctos (ej.: evaporación, transpiración, ciclo hidrológico).*

2. **Claridad de la explicación**
   - *Observa si la respuesta está redactada de forma comprensible, ordenada y adecuada a su nivel (12 años).*

3. **Conexión con ejemplos o contexto**
   - *Valora si el alumno aplica el concepto a situaciones reales o cercanas (ej.: menos árboles en la ciudad, inundaciones).*

4. **Razonamiento y profundidad de análisis**
   - *Revisa si el estudiante no solo responde, sino que **explica causas, consecuencias y relaciones** entre los elementos del ciclo del agua (ej.: cómo conecta océano, lluvia y vida en la tierra).*

Para cada criterio de la rúbrica:

- *Indica qué se espera en la respuesta.*
- *Define 5 niveles de desempeño (avanzado, cerca de avanzado, competente, básico, por debajo de lo básico).*
- *Usa descriptores claros y comprensibles para estudiantes de 12 años.*
- *Incluye ejemplos de evidencias de aprendizaje que permitan al docente identificar cuándo un estudiante cumple con el criterio.*

Finalmente, agrega una sección breve titulada "Retroalimentación automática sugerida", donde ofrezcas frases cortas que la IA pueda dar al alumnado según el nivel alcanzado en cada criterio.

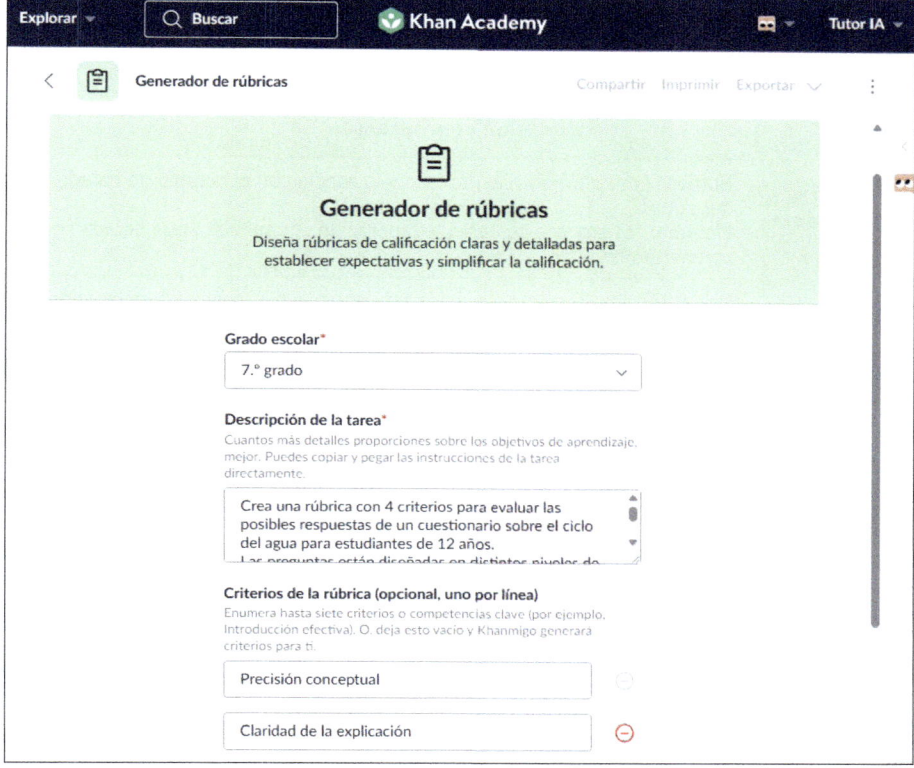

Rúbrica - Cuestionario ciclo del agua

Nota: Esta herramienta necesita de tu experiencia para ser excelente. ¡Asegúrate de revisar y editar detenidamente esta rúbrica antes de asignarla a los estudiantes!

Criterios	
Precisión conceptual	
Por debajo de lo básico	- Usa términos incorrectos o confunde los procesos del ciclo del agua. - Ejemplo: dice que el agua se convierte en vapor por "condensación".
Básico	- Identifica el proceso principal pero con errores menores o poca explicación. - Ejemplo: escribe "evaporación", pero no explica el cambio de estado.

Continúa en página siguiente >>

<< Viene de página anterior

Criterios	
Precisión conceptual	
Competente	- Nombra correctamente el proceso y lo asocia con el cambio de estado del agua. - Ejemplo: "El proceso se llama 'evaporación', cuando el agua líquida se convierte en vapor".
Cerca de avanzado	- Usa el término correcto y explica brevemente el proceso, mencionando factores como el calor del sol. - Ejemplo: "El proceso se llama 'evaporación', ocurre cuando el sol calienta el agua y la convierte en vapor".
Avanzado	- Usa el término correcto, explica el proceso con detalle y da ejemplos o condiciones específicas. - Ejemplo: "El proceso se llama 'evaporación'. Sucede cuando el sol calienta ríos, lagos o el mar, y el agua líquida se transforma en vapor que sube a la atmósfera".
Claridad de la explicación	
Por debajo de lo básico	- Respuesta incompleta, confusa o no responde la pregunta. - Ejemplo: "Las nubes están en el cielo".
Básico	- Menciona el papel de las nubes pero no lo explica claramente. - Ejemplo: "Las nubes tienen agua".
Competente	- Explica que las nubes almacenan agua en forma de vapor o gotas. - Ejemplo: "Las nubes guardan agua que luego cae como lluvia".
Cerca de avanzado	- Explica el papel de las nubes, menciona condensación y precipitación. - Ejemplo: "Las nubes se forman cuando el vapor de agua se condensa y luego liberan agua en forma de lluvia".
Avanzado	- Explica el papel de las nubes, describe condensación y precipitación, y conecta con el movimiento del agua en la atmósfera. - Ejemplo: "Las nubes se forman cuando el vapor de agua se condensa en gotas pequeñas. Estas gotas se agrupan y, cuando son muchas, caen como lluvia, devolviendo el agua a la tierra".
Conexión con ejemplos o contextos	
Por debajo de lo básico	- No incluye ejemplos ni relaciona la pregunta con situaciones reales. - Ejemplo: "Menos árboles no afecta".
Básico	- Menciona un ejemplo pero no lo conecta claramente con el ciclo del agua. - Ejemplo: "Si hay menos árboles, hay menos sombra".
Competente	- Incluye un ejemplo relevante y lo conecta con el ciclo del agua. - Ejemplo: "Si hay menos árboles, hay menos agua que se evapora de las hojas".

Continúa en página siguiente >>

<< Viene de página anterior

Criterios	
Conexión con ejemplos o contextos	
Cerca de avanzado	- Incluye un ejemplo y explica cómo la falta de árboles afecta procesos como la transpiración y la lluvia. - Ejemplo: "Si hay menos árboles, hay menos transpiración, así que menos vapor de agua llega a la atmósfera y puede haber menos lluvia".
Avanzado	- Incluye ejemplos claros, conecta la situación con varios procesos del ciclo del agua y menciona posibles consecuencias para el ambiente. - Ejemplo: "Si hay menos árboles, disminuye la transpiración, lo que reduce el vapor de agua en el aire. Esto puede causar menos lluvias y afectar el suministro de agua en la ciudad".
Razonamiento y profundidad de análisis	
Por debajo de lo básico	- Respuesta superficial, sin análisis ni conexión entre elementos del ciclo del agua. - Ejemplo: "El océano tiene agua y la tierra también".
Básico	- Menciona una conexión básica entre el océano y la tierra pero no explica cómo ocurre. - Ejemplo: "El agua del océano va a la tierra".
Competente	- Explica cómo el agua del océano se convierte en vapor y llega a la tierra como lluvia. - Ejemplo: "El agua del océano se evapora y luego cae en la tierra como lluvia".
Cerca de avanzado	- Analiza el ciclo completo, mencionando evaporación, condensación, precipitación y retorno del agua. - Ejemplo: "El agua del océano se evapora, forma nubes, cae como lluvia en la tierra y regresa al océano por ríos".
Avanzado	- Analiza el ciclo, conecta procesos y explica cómo el ciclo del agua sostiene la vida en la tierra, mencionando la importancia para plantas, animales y personas. - Ejemplo: "El agua del océano se evapora, forma nubes, cae como lluvia y alimenta ríos y lagos. Este ciclo permite que plantas y animales tengan agua para vivir, y el agua regresa al océano cerrando el ciclo".

Retroalimentación automática sugerida

Por debajo de lo básico
Revisa los conceptos clave y asegúrate de responder la pregunta con información precisa. Intenta explicar con más detalle y usar ejemplos relacionados con el ciclo del agua.

Básico
Has identificado la idea principal, pero puedes agregar más detalles o ejemplos para mejorar tu respuesta. Intenta conectar tu explicación con los procesos del ciclo del agua.

Continúa en página siguiente >>

<< Viene de página anterior

Criterios
Retroalimentación automática sugerida
Competente *Tu respuesta es clara y contiene información relevante. Puedes mejorar incluyendo más ejemplos o explicaciones sobre cómo funciona el ciclo del agua.*
Cerca de avanzado *Muy bien, tu respuesta incluye detalles y ejemplos. Para avanzar, intenta analizar más profundamente cómo los procesos se relacionan entre sí.*
Avanzado *¡Excelente trabajo! Has explicado el proceso con claridad, usando ejemplos y mostrando cómo el ciclo del agua afecta a la vida y al ambiente. Sigue así*

7.3. Revisión automática de textos

La IA también puede actuar como una **primera lectora** de ensayos, redacciones o proyectos escritos, señalando aspectos tan importantes como:

- La coherencia y cohesión.
- La ortografía y gramática.
- La argumentación y estructura.

Toma nota de algunas herramientas de IA específicas, además de ChatGPT, que permiten la revisión de textos:

Grammarly	- Detecta errores gramaticales y de estilo, además de sugerir mejoras en claridad, tono y coherencia.
Writefull	- Pensada para el ámbito académico, analiza textos y sugiere correcciones en gramática, vocabulario y estructura argumentativa.

Continúa en página siguiente >>

<< Viene de página anterior

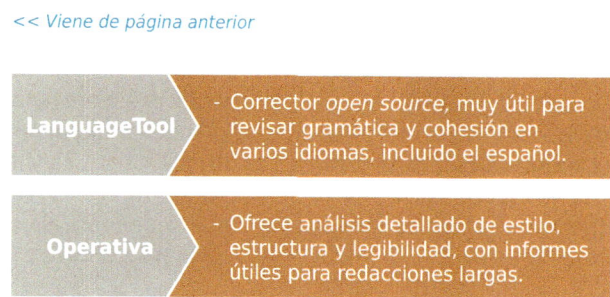

Echa un vistazo al ejemplo de corrección de texto con LanguageTool.

 CONSEJO

Invita a tu alumnado a utilizar la IA como una **herramienta de autorrevisión,** no como sustituto de su trabajo. La IA puede señalar errores de coherencia,

Continúa en página siguiente >>

<< Viene de página anterior

gramática o estructura que a menudo pasan desapercibidos en la primera escritura. De este modo, los estudiantes aprenden a **detectar y corregir sus propias debilidades,** desarrollan un pensamiento crítico sobre la calidad de sus textos y llegan a la evaluación final con un trabajo más maduro y pulido. Esto fomenta la **metacognición** (aprender a aprender), porque el alumnado reflexiona sobre lo que ya domina y lo que necesita reforzar.

7.4. Dimensión ética y crítica

Un aspecto clave que no se debe olvidar es la **ética en la evaluación con IA.** Esto significa garantizar que los datos del alumnado no se expongan a riesgos de privacidad, evitar que la IA refuerce sesgos en los criterios de evaluación y asegurar que la retroalimentación siempre esté mediada por el criterio docente.

 EJEMPLO

Imagina que estás en tu clase de Secundaria y como docente usas una herramienta de IA para revisar los textos de tus alumnos. La IA señala que Juan tiene muchos errores ortográficos y clasifica su trabajo con baja nota. Sin embargo, como docente de Juan sabes que él padece dislexia y que el esfuerzo que hace al escribir es realmente muy grande.

En lugar de aceptar la nota automática propuesta la IA, revisa los comentarios de la IA, corrige lo necesario y ajusta la evaluación teniendo en cuenta la situación de Juan. Así se asegura que la herramienta sea una ayuda, pero que la decisión final sea justa y humana.

La UNESCO (2023) y la UNAM (2025) insisten en que la IA no sustituye la evaluación docente. Debe emplearse para ahorrar tiempo en lo técnico y abrir más espacio a la retroalimentación humana y ética. En otras palabras, la IA te ayuda a corregir más rápido y mejor, pero la equidad y la sensibilidad, en lo que al proceso de evaluación se refiere, sigue estando en tus manos.

 **PARA SABER MÁS**

La Agencia Española de Protección de Datos (AEPD) ha actualizado su **mapa de referencia sobre tratamientos que incorporan inteligencia artificial,** una guía esencial para garantizar que el uso educativo de la IA se ajuste al marco normativo vigente. Este recurso recopila las regulaciones más relevantes, desde el **RGPD** hasta el **Reglamento Europeo de IA.** Ofrece orientaciones prácticas sobre la **gestión del riesgo,** la **privacidad desde el diseño,** la **auditoría de sistemas automatizados** y el **uso ético de la IA en entornos laborales y académicos.** Una lectura clave para el personal docente y equipos directivos que deseen utilizar la IA de manera segura, transparente y responsable en sus centros educativos.

https://redirectoronline.com/iadocentes0217

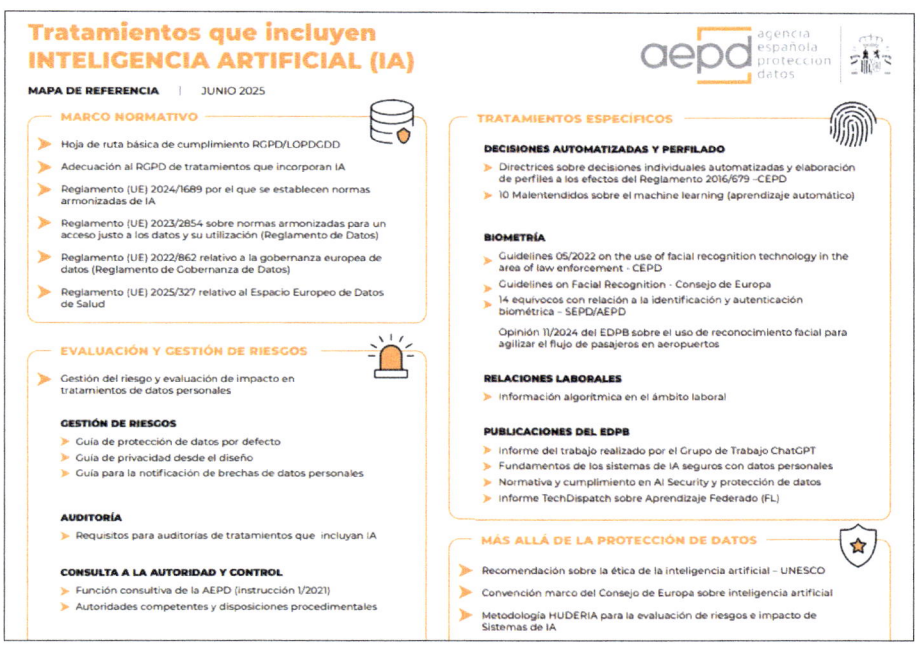

8. Actividad práctica: crear una rúbrica o prueba con IA

☞ HILO CONDUCTOR

Decidida, Clara crea una rúbrica con IA para su próxima evaluación de proyectos. La revisa, la adapta y la comparte con su alumnado. Descubre que cuando las expectativas están despejadas, el proceso de aprencizaje es más significativo. La IA se convierte en su aliada para una clara labor.

Una vez comprendido cómo la inteligencia artificial puede optimizar los procesos de evaluación sin sustituir el criterio pedagógico docente, es momento de pasar a la práctica. En este apartado aprenderás a utilizar **ChatGPT + Canva** para crear rúbricas educativas de forma rápida y esquematizada.

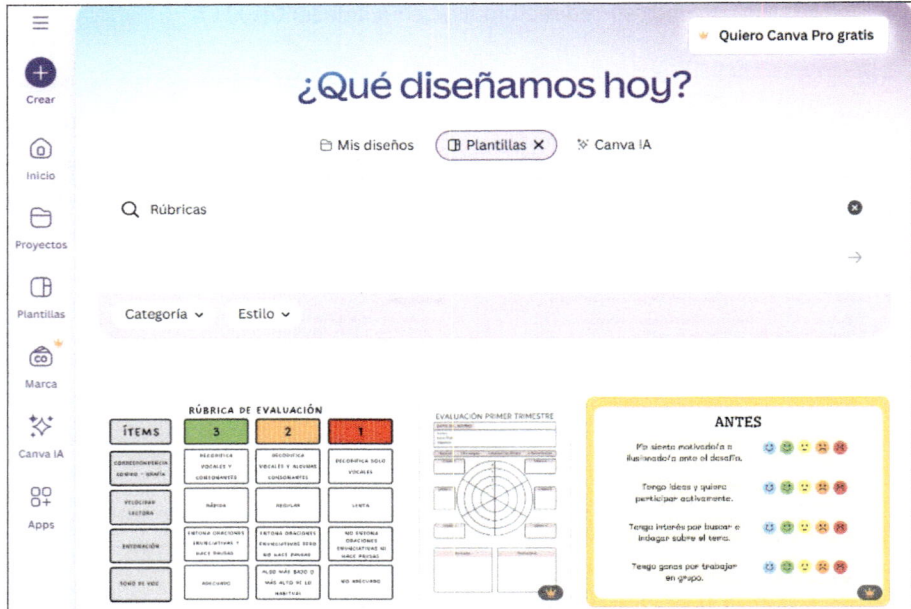

El objetivo es que domines esta técnica y la adaptes a las necesidades de tu aula. Con ello, podrás ahorrar tiempo en la parte técnica de tu trabajo para dedicar más energía a lo que es verdaderamente importante, la retroalimentación personalizada.

En tutorial que a continuación se muestra, te guiará cómo combinar **ChatGPT** con **Canva** para diseñar rúbricas en tus procesos de evaluación. El vídeo muestra desde la redacción de *prompts* válidos hasta la organización de la información en plantillas visuales de Canva. Todo ello te ayudará a transformar una idea inicial de rúbrica en un instrumento de evaluación listo para usar.

- Primero, observa cómo se construyen los *prompts* en ChatGPT para generar descriptores de desempeño.

- Después, sigue los pasos para volcar esa información en una plantilla de Canva, ajustando criterios, niveles y diseño.

- Finalmente, crea tu propia rúbrica como práctica. Elige un tema o proyecto de tu materia y replica el procedimiento mostrado en el vídeo.

 CONSEJO

Realiza la práctica en paralelo con el vídeo, pausando en cada paso para aplicar las instrucciones. De este modo, obtendrás como resultado final una rúbrica personalizada de calidad, lista para evaluar a tu alumnado y adaptada a tu propio contexto.

 VÍDEO

Accede al siguiente vídeo para ver cómo crear rúbricas personalizadas.

Continúa en página siguiente >>

<< Viene de página anterior

https://redirectoronline.com/iadocentes0218

 **NOTA**

Si quieres evitar utilizar ChatGPT para que inicialmente te cree la rúbrica para evaluar a tu alumnado, puedes directamente activar la función de IA en Canva Docs, escribiendo el comando **"/magic write** o bien seleccionando la opción de **escritura mágica.** Ahí mismo podrás escribir ur *prompt* para pedirle a la IA que genere la estructura de la rúbrica indicando: materia, nivel educativo, criterios y número de niveles de logro. Por ejemplo:

Crea una rúbrica con 4 criterios para evaluar ur proyecto de ciencias en Secundaria. Los criterios son: investigación, creatividad, presentación oral y trabajo en equipo. Incluye 4 niveles de logro (excelente, notable, suficiente, insuficiente).

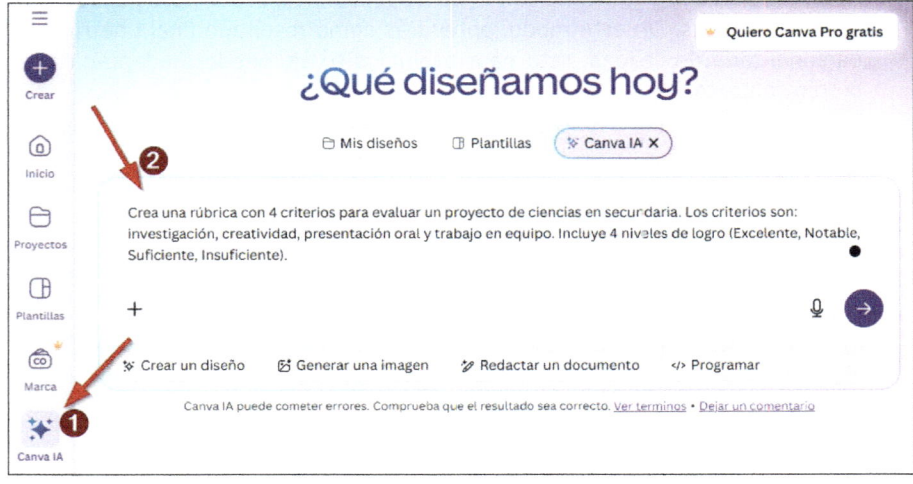

9. Organización docente con IA: generación de documentos, comunicados, planes

 **HILO CONDUCTOR**

Clara, siempre apurada, prueba una herramienta para redactar comunicados y planificaciones. Se sorprende al ver cuánto tiempo puede ahorrar. Más organizada, logra concentrarse en lo pedagógico. Descubre que la IA también puede cuidar el bienestar docente.

- -

Además de su potencial creativo en el aula, la inteligencia artificial se convierte en una gran herramienta aliada para la **gestión y organización diaria del profesorado.** Muchas de las tareas administrativas, que suelen consumir tiempo y mucha energía, son fácilmente ejecutables de forma ágil gracias a la IA, liberando espacio para lo que verdaderamente es pedagogía.

NOTA

La IA no sustituye la mirada pedagógica ni la sensibilidad del profesorado, pero sí **reduce la carga administrativa, además de ampliar la capacidad de organización.**

- -

Sabes que la organización docente no solo implica planificar tus clases, también requiere gestionar tu tiempo, tus comunicaciones y la coordinación con diferentes actores de tu comunidad educativa. En este contexto la IA es clave, pues abre nuevas posibilidades para optimizar todo este tipo de tareas.

- La IA transforma datos en información en documentos claros

Continúa en página siguiente >>

<< Viene de página anterior

- La IA es capaz de adaptar mensajes dirigidos a distintos destinatarios o escenarios

- La IA genera propuestas estructuradas en cuestión de minutos

NOTA

Más que ahorrar tiempo, la inteligencia artificial generativa permite al profesorado concentrar buena parte de su energía en el área estratégica y más humana de la enseñanza.

A continuación, se presentan distintos apartados donde podrás ver con ejemplos prácticos cómo la IA te facilitará todo lo relacionado con tu organización diaria:

➲ **Redacción de comunicados efectivos y empáticos.** La IA te puede proporcionar mucha ayuda a la hora de elaborar mensajes dirigidos a las familias, al alumnado o al equipo docente en un tono profesional, cercano, pero adaptado a cada situación. Por ejemplo:

Prompt **para comunicado a familias**

Contexto. Eres un docente de 2.º de ESO que debe informar a las familias sobre una salida escolar.
Tarea. Elaborar un comunicado breve, formal y cercano.
Instrucción. Redacta un texto claro que incluya la fecha, el horario, el coste y un recordatorio de entregar la autorización firmada.

Instrucción completa

Actúa como un docente de 2.º de ESO que necesita comunicar a las familias una salida escolar al museo de ciencias. Redacta un comunicado breve, respetuoso y con tono cercano. Incluye claramente la fecha, el horario, el coste y un recordatorio de que deben entregar la autorización firmada. El texto debe ser claro y fácil de comprender para todas las familias.

Este uso te asegura que tus textos sean claros, sin errores y con el tono adecuado para cada situación. Después tú, y en función del resultado, puedes personalizar los textos con todo tipo de detalles.

⮕ **Elaboración de planes de clase o proyectos.** Con una buena instrucción, la IA te sugerirá estructuras completas para una unidad didáctica, una unidad integrada o proyecto interdisciplinar. Por ejemplo:

Prompt **para plan de clase sobre la fotosíntesis**

Contexto. Eres profesor de Ciencias Naturales en 1.º de Secundaria.
Tarea. Elaborar un plan de clase de 3 sesiones sobre la fotosíntesis.
Instrucción. Incluye objetivos de aprendizaje, actividades de inicio, desarrollo y cierre, y una propuesta de evaluación sencilla.

Instrucción completa

Eres un profesor de Ciencias Naturales en 1.º de Secundaria y necesitas diseñar un plan de clase sobre la fotosíntesis. Elabora un plan de 3 sesiones que incluya: (1) objetivos de aprendizaje claros, (2) actividades de inicio, desarrollo y cierre para cada sesión, y (3) una propuesta de evaluación sencilla y práctica. Redacta todo de forma clara, organizada y comprensible para un docente.

Como valor añadido, la IA ofrece un borrador que puedes adaptar a tu estilo, ahorrando tiempo en todo lo que implica la planificación inicial. Además, puedes proporcionarle material en cualquier tipo de formato, como temario, imágenes, investigaciones, etc., para que la IA te guíe en función de toda esa información. Tan solo debes pulsar el signo + en el cuadro de diálogo del ChatGPT y añadir cualquier tipo de documento.

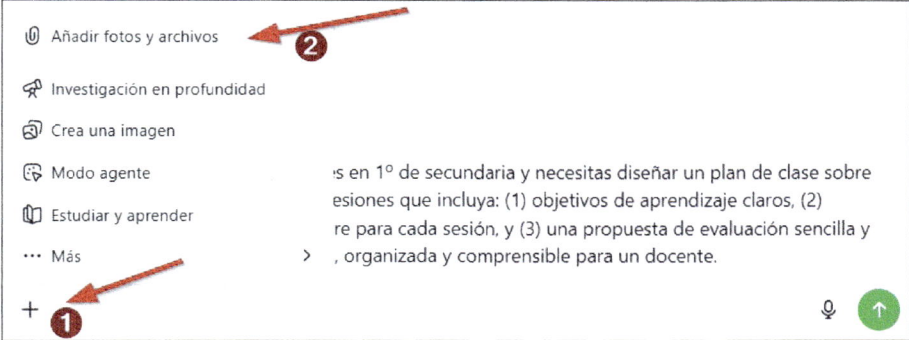

➲ **Creación de protocolos y guías.** La IA te será útil para redactar protocolos de convivencia, normas de aula o acuerdos de grupo con un lenguaje accesible y en formato claro. Por ejemplo:

Prompt para protocolo de convivencia

Contexto. Eres tutor de una clase de Primaria y quieres fomentar la convivencia
positiva en el aula.
Tarea. Elaborar un protocolo breve de normas de convivencia.
Instrucción. Elabora 5 puntos redactados como frases positivas, fáciles de
recordar y motivadoras para los estudiantes.

Instrucción completa

*Eres tutor/a de una clase de Primaria y quieres crear un protocolo de convivencia
sencillo y positivo. Diseña un listado de 5 puntos que fomenten el respeto,
la cooperación y la buena convivencia en el aula. Redáctalos como frases
afirmativas, fáciles de recordar y motivadoras para los niños y niñas de esta edad.*

Obtendrás materiales listos para ser imprimidos.

➲ **Simulación de casos para resolución de conflictos.** La IA también
puede ayudarte a generar escenarios hipotéticos que te sirvan para trabajar habilidades sociales y/o de resolución de problemas con tu alumnado. Por ejemplo:

Prompt para la simulación de conflicto en el aula

Contexto. Eres docente en una clase de Primaria y quieres trabajar con tu
alumnado la resolución pacífica de conflictos.
Tarea. Crear una situación ficticia de conflicto cotidiano entre estudiantes.
Instrucción. Redacta un breve caso donde dos alumnos discuten por
el uso de materiales en clase. Propón tres posibles formas de resolver el
conflicto y formula una pregunta final al grupo para que reflexione sobre
cuál opción consideran más justa.

Instrucción completa

*Eres un docente de Primaria y necesitas crear una dinámica de educación
en valores. Diseña una situación ficticia donde dos estudiantes discuten
por el uso de materiales en clase (por ejemplo, lápices de colores o tijeras).
Redacta un breve relato del conflicto y plantea tres posibles formas de
resolverlo. Finalmente, formula una pregunta abierta al alumnado para que
reflexione sobre cuál de las opciones les parece más justa y por qué. Usa
un lenguaje claro, sencillo y adecuado para niños de Primaria.*

La creación de escenarios hipotéticos con la ayuda de la IA te permitirá
crear dinámicas realistas sin necesidad de preparar guiones desde cero,
favoreciendo la reflexión colectiva.

10. IA para la mejora de la convivencia y el clima escolar

👉 HILO CONDUCTOR

En una reunión escolar, Clara comparte cómo una IA le ayudó a detectar patrones en las relaciones entre estudiantes. Empieza a pensar en la IA no solo como herramienta académica, sino como apoyo para mejorar la convivencia. La tecnología también puede sembrar vínculos. ¿Por qué no utilizarla?

La **convivencia** y el **clima escolar** son pilares esenciales para que el aprendizaje se dé en un entorno seguro, inclusivo y totalmente motivador. Sin embargo, diseñar estrategias para mejorarlos requiere tiempo, reflexión y mucha coordinación por parte de toda la comunidad educativa. En este sentido, la inteligencia artificial alcanza a ser una gran aliada, pues permite generar **borradores de protocolos, planes de acción, presentaciones y propuestas de actividades** que, tras la revisión y adaptación por parte del equipo directivo ajustándolos a la realidad del centro, se convierten en instrumentos útiles para impulsar un ambiente escolar más justo, participativo y positivo.

 SABÍAS QUE...

Con herramientas como **Gamma** puedes transformar un texto o incluso un documento completo en **diapositivas de altísima calidad de forma automática en cuestión de segundos.** Esto te permite, por ejemplo, convertir un protocolo de convivencia o un plan de mejora del clima escolar en una interesante presentación muy visual e impactante para compartir con tu claustro, alumnado o familias.

Continúa en página siguiente >>

<< Viene de página anterior

Con recursos como Gamma, no solo ahorras tiempo en el diseño, sino que también logras que la información clave sobre convivencia se comunique de la mejor manera.

- -

De esta manera, la IA no sustituye la mirada pedagógica del profesorado, pero sí facilita contar con un punto de partida sólido para concebir y estructurar iniciativas de mejora. Un caso especialmente relevante es la **elaboración de un plan de centro,** en el que se integran misión, visión, objetivos y líneas de acción con un enfoque claro hacia la convivencia positiva y el bienestar escolar.

A continuación vas a conocer una guía para redactar un plan de centro focalizado en la mejora de la convivencia y el clima escolar:

Guía para la elaboración de un plan de centro con IA

Contexto

Eres el equipo directivo de un instituto de Educación Secundaria. Tu centro tiene 450 estudiantes y 35 docentes. En los últimos cursos se han detectado problemas de convivencia como conflictos entre estudiantes en el recreo, dificultades de integración del alumnado recién llegado y un aumento de incidencias relacionadas con el respeto en el aula. El objetivo del curso actual es elaborar un plan de centro que priorice la mejora de la convivencia y el clima escolar, en línea con las orientaciones del proyecto educativo y la normativa vigente.

Tarea

Necesitas que la IA redacte un borrador completo de plan de centro, con un enfoque en la prevención de conflictos, la mediación escolar y el bienestar socioemocional. Este borrador servirá de base para que el claustro y el consejo escolar lo revisen, lo adapten a la realidad del instituto y lo aprueben.

Instrucción

Genera un plan de centro que contenga los siguientes apartados:

1. **Misión y visión del centro**
   - Resalta el compromiso con la inclusión, el respeto y el bienestar de toda la comunidad educativa.

2. **Diagnóstico inicial**
   - Resume los principales retos de convivencia que enfrenta un instituto de Secundaria medio (ejemplos realistas).

3. **Objetivos estratégicos (mínimo 4)**
   - Incluye objetivos relacionados con: prevención de conflictos, mediación escolar, participación de familias y promoción del bienestar socioemocional.

4. **Líneas de acción concretas**
   - Diseña acciones prácticas como formación del profesorado en resolución pacífica de conflictos, creación de un equipo de mediadores escolares, tutorías socioemocionales, campañas de respeto e inclusión y protocolos claros de actuación.

5. **Evaluación y seguimiento**
   - Propón indicadores medibles (ej.: reducción del número de incidencias en X %, encuestas de satisfacción de alumnado y familias, informes trimestrales).

6. **Lenguaje**
   - Usa un estilo formal, claro y motivador, adecuado a un documento institucional.
   - El texto debe ser fácil de comprender para todos los miembros de la comunidad educativa.

Continúa en página siguiente >>

<< Viene de página anterior

Guía para la elaboración de un plan de centro con IA

Prompt listo para ser utilizado

Eres el equipo directivo de un instituto de Secundaria en España con 450 estudiantes y 35 docentes. Elabora un borrador completo de plan de centro cuyo objetivo principal sea mejorar la convivencia y el clima escolar. Incluye los apartados de: (1) misión y visión centradas en la inclusión y el respeto, (2) diagnóstico inicial con problemas habituales de convivencia en institutos, (3) al menos 4 objetivos estratégicos relacionados con prevención de conflictos, mediación escolar, participación de familias y bienestar socioemocional, (4) líneas de acción prácticas y realistas que incluyan formación docente, tutorías socioemocionales, equipo de mediadores, campañas de respeto e inclusión, (5) sistema de evaluación y seguimiento con indicadores medibles, y (6) redacta todo en un lenguaje formal, claro y motivador, propio de un documento institucional educativo.

 PARA SABER MÁS

Si quieres profundizar en cómo un plan de centro puede ayudarte a mejorar la convivencia y el clima escolar, anímate a **descargar la propuesta de estructura generada con IA con la instrucción anterior.** Encontrarás un borrador completo con la misión, visión, objetivos estratégicos, líneas de acción e indicadores de evaluación. Recuerda que este documento es solo un punto de partida. Tu labor será **adaptarlo a la realidad y necesidades de tu centro.** No olvides ajustar cada apartado y ayudarte de la IA para desarrollar cada uno de los aspectos claves. Enfócate a las necesidades de tu alumnado y a sus características, también pon atención a las particularidades del profesorado y sus recursos, además de la importancia que tiene en un plan de centro la comunidad educativa.

https://redirectoronline.com/iadocentes0220

11. Proyecto final: diseño de una intervención educativa con IA (plan de aula, actividad, protocolo o recurso)

👉 HILO CONDUCTOR

Finalmente, Clara diseña su propia intervención educativa con IA. Al compartirla, siente mucho orgullo y satisfacción. No solo ha aprendido sobre tecnología: ha repensado su forma de enseñar. Su historia es la de muchas y muchos que, como ella, decidieron aprender, probar y transformar su aula con un sentido verdaderamente humano. Es consciente de que su experiencia de aprendizaje con respecto a la IA no ha hecho más que empezar.

- -

Para cerrar este trayecto de aprendizaje sobre la IA generativa, te propongo un reto práctico y motivador: **diseñar tu propia intervención educativa con apoyo de la tecnología.** La idea es que pongas en juego todo lo aprendido a lo largo del contenido y lo transformes en una propuesta concreta para tu aula o centro. Podrás elegir entre distintos formatos:

> **Un plan de aula** que incorpore la IA en objetivos, actividades y evaluación.

> **Una unidad didáctica** que aproveche la IA como apoyo para generar materiales y enriquecer la experiencia del alumnado.

> **Una rúbrica o protocolo de convivencia** en el que la IA sirva de aliada para agilizar y enriquecer el proceso evaluativo.

> **Un recurso digital creativo** (imagen, audio o vídeo) que convierta los contenidos en experiencias más cercanas, motivadoras con carácter inclusivo.

Tu gran reto es mantener el equilibrio. La IA debe funcionar como un **copiloto** que te aporta rapidez, ideas y bocetos, pero siempre será tu mirada pedagógica, ética y humana la que dé sentido al resultado definitivo. Como recuerda la UNESCO:

La IA en la educación tiene más impacto cuando se pone al servicio del docente, potenciando la personalización y la creatividad, sin sustituir el juicio profesional (Miao & Holmes, 2023).

Para ayudarte a llevar a cabo la propuesta práctica, puedes considerar que pretendes diseñar, por ejemplo, un **plan de aula para la materia de Inglés** teniendo en cuenta que:

- La IA te ayudará con esta tarea generando diálogos sencillos o textos narrativos adaptados a distintos niveles de competencia lingüística.
- Tú decides cómo integrarlos en dinámicas participativas como role plays, debates o dramatizaciones en el aula.
- El alumnado podrá crear un pódcast en inglés con voces sintéticas parecidas a las humanas, o bien un glosario ilustrado generado por la IA. Mientras, tú te encargarás de la corrección lingüística, asegurando, además, que exista coherencia con los objetivos curriculares.

Este proyecto final, o el que tú elijas, será tu broche de oro en este recorrido formativo. No se trata de demostrar que dominas una herramienta digital, sino de comprobar cómo puedes convertir la IA en un recurso pedagógico real verdaderamente transformador, que respeta tu estilo docente y que responde fielmente a las necesidades de tu alumnado.

Para iniciar tu proyecto, deberás comenzar con siempre con la redacción de un buen *prompt*. Apóyate en la siguiente instrucción:

Prompt **para plan de aula de Inglés**
Contexto
Eres profesor/a de Inglés en 2.º de ESO (13-14 años). Estás trabajando una unidad sobre **"Daily routines and free time activities".** Quieres diseñar un plan de aula de 50 minutos que integre actividades participativas y apoyos generados con IA.
Tarea
Necesitas que la IA elabore un **plan de aula completo** que combine introducción de vocabulario, práctica guiada y producción creativa, integrando herramientas digitales de código abierto o de acceso libre.

Continúa en página siguiente >>

<< Viene de página anterior

Prompt para plan de aula de Inglés

Instrucción

Genera un plan de aula para la materia de Inglés que contenga los siguientes apartados:

1. Diseña un plan de 50 minutos con estructura clara: inicio, desarrollo y cierre.
2. En el inicio, incluye una actividad motivadora con un recurso visual generado por IA (ejemplo: una ilustración de rutinas diarias creada con Stable Diffusion o Craiyon a partir de un *prompt* sencillo).
3. En el desarrollo, organiza un role *play* en parejas o grupos pequeños usando frases modelo adaptadas a nivel A2. Puedes sugerir que la IA genere los diálogos previos (con ChatGPT Free).
4. En el cierre, plantea una actividad creativa con IA:
   - Crear un minipódcast de 1 minuto usando voces sintéticas en TextoAVoz.com o editado con Audacity.
   - Alternativamente, generar un cómic digital sencillo sobre rutinas usando Excalidraw como recurso de ilustración.
5. Añade objetivos de aprendizaje, materiales necesarios y una propuesta de evaluación sencilla, incluyendo una rúbrica breve con 3 criterios (pronunciación, uso de vocabulario, participación).
6. Usa un lenguaje claro, práctico y dirigido a un docente que quiere aplicar el plan directamente en su clase.

Prompt listo para ser utilizado

Eres profesor/a de Inglés en 2.º de ESO (13-14 años) y trabajas la unidad "Daily routines and free time activities". Diseña un plan de aula de 50 minutos con objetivos de aprendizaje, actividades de inicio, desarrollo y cierre, materiales y una evaluación sencilla. En el inicio incluye una actividad motivadora con una imagen generada por IA en Stable Diffusion o Craiyon que muestre rutinas diarias. En el desarrollo, organiza un role play en parejas con frases modelo de nivel A2 (los diálogos iniciales pueden generarse con ChatGPT Free). En el cierre, incluye una actividad creativa con IA: grabar un minipódcast de 1 minuto usando TextoAVoz.com o Audacity, o crear un cómic digital sencillo en Excalidraw sobre rutinas. Finaliza con una rúbrica sencilla con 3 criterios: pronunciación, uso de vocabulario y participación. Explica todo de manera clara y práctica para aplicar directamente en el aula.

 ## PARA SABER MÁS

Ya has puesto en práctica cómo la IA puede ayudarte a diseñar un plan de aula completo y creativo para tu materia de Inglés o cualquier otra que hayas decidido hacer. Ahora te invito a **descargar la solución generada con ChatGPT.** En ella encontrarás un ejemplo detallado que incluye objetivos, actividades paso

Continúa en página siguiente >>

<< Viene de página anterior

a paso, recursos digitales abiertos y una rúbrica sencilla de evaluación. De esta forma podrás **comparar tu propuesta con la solución ofrecida,** inspirarte con nuevas ideas y descubrir cómo adaptar este modelo a las características de tu propio grupo.

https://redirectoronline.com/iadocentes0222

A lo largo de este camino has aprendido cómo la IA puede ayudarte a diseñar secuencias didácticas, generar recursos multimodales y elaborar planes o protocolos que potencien tu práctica docente. No obstante, su integración en la educación exige una mirada ética y responsable. A este respecto, la **UNESCO (2024)** subraya que la IA generativa solo tendrá un impacto positivo si se emplea de forma **inclusiva, segura y centrada en las personas.** Esto implica proteger los datos del alumnado, respetar la diversidad cultural y lingüística y, sobre todo, mantener siempre el **juicio pedagógico humano** como elemento central (UNESCO, 2024).

Te animo a descargar la *Guía para el uso de la IA generativa en educación e investigación* publicada por la UNESCO, un recurso esencial que te permitirá ampliar lo aprendido y profundizar en las buenas prácticas para aplicar estas tecnologías en tu contexto educativo.

https://redirectoronline.com/iadocentes0221

TAREA 3

Pablo es profesor de Secundaria y está desarrollando con su alumnado un proyecto interdisciplinar sobre literatura juvenil y narrativas digitales. Su reto es triple:

1. Quiere diseñar actividades que no se limiten a resumir lecturas, sino que impulsen al alumnado a **analizar, evaluar y crear** nuevas narrativas.
2. Busca nuevas formas de **retroalimentar** los borradores de historias de su clase de manera más ágil y personalizada.
3. Necesita organizarse mejor, porque siente que invierte demasiado tiempo en preparar materiales y coordinar el trabajo con otros docentes.

En este contexto, Pablo ha decidido explorar cómo la IA generativa podrá ayudarle en estas tres áreas. ¿Qué pasos le recomendarías para integrar la IA en el diseño de una unidad didáctica que combine actividades cognitivas exigentes, procesos de retroalimentación automatizada y una gestión educativa más eficiente?

12. Resumen

La inteligencia artificial generativa ofrece al personal docente una oportunidad única para enriquecer los procesos de enseñanza-aprendizaje. Permite diseñar experiencias más creativas, personalizadas y realmente motivadoras. Su implementación facilita la retroalimentación adaptada, la creación de recursos innovadores en distintos tipos de formatos y la optimización de tareas relativas a la gestión educativa, liberando tiempo para la interacción pedagógica.

Lejos de reemplazar la labor docente, la IA generativa se convierte en una gran aliada estratégica que potencia la creatividad, una evaluación auténtica y el desarrollo de un clima escolar colaborativo, siempre que se use con criterio ético y en coherencia con los objetivos educativos.

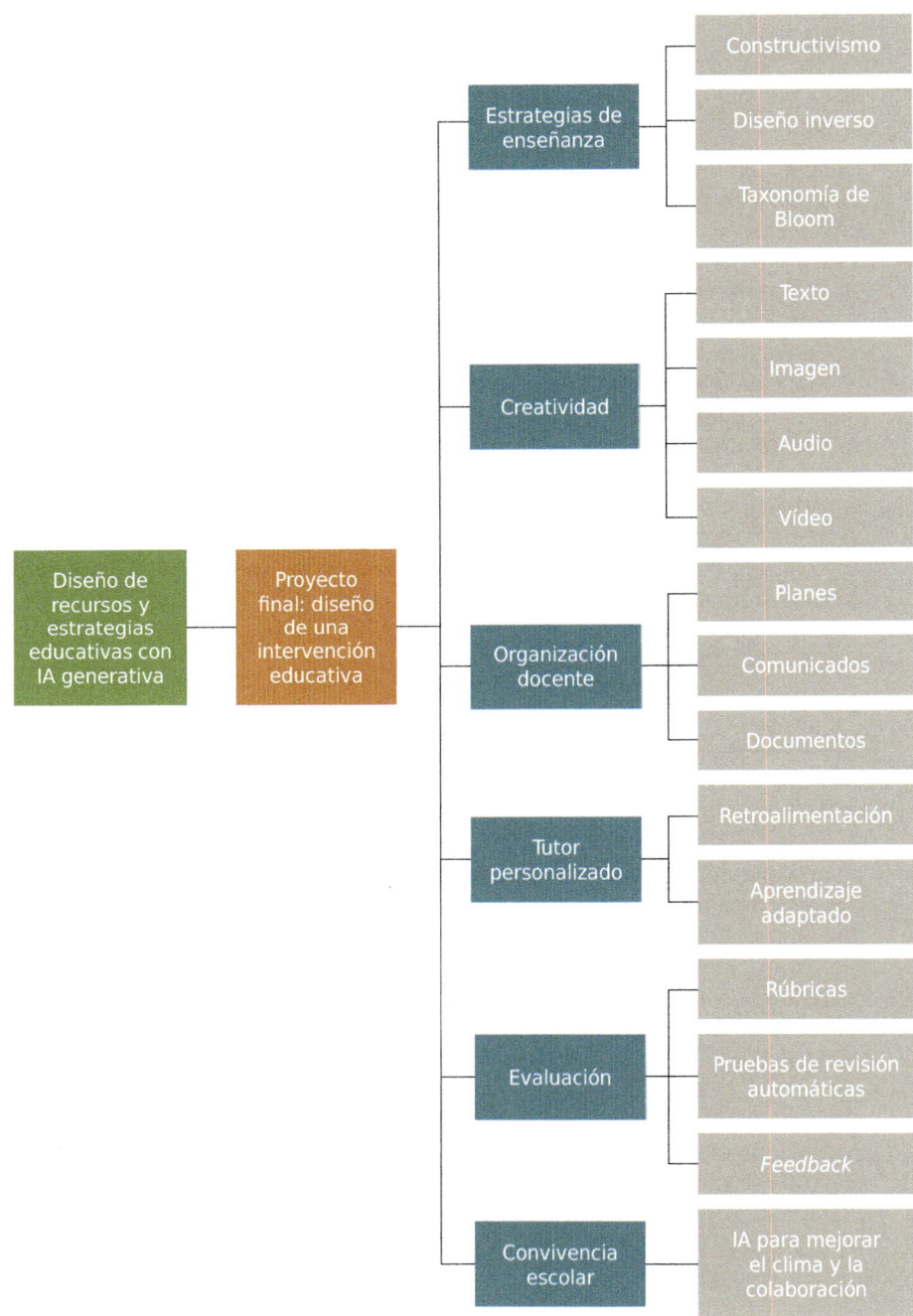

Ejercicios de autoevaluación
Unidad de Aprendizaje 2

1. Indica si las siguientes afirmaciones son verdaderas o falsas:

a. La IA en educación debe concebirse como un copiloto del profesorado, capaz de potenciar la creatividad y la personalización sin sustituir al docente.

- Verdadero
- Falso

b. El diseño inverso propone comenzar por la elección de actividades y luego definir los objetivos de aprendizaje.

- Verdadero
- Falso

c. La IA generativa puede servir de apoyo en los procesos de evaluación ofreciendo retroalimentación automática y adaptada al nivel del alumnado.

- Verdadero
- Falso

2. Según la UNESCO (Miao & Holmes, 2023), la IA en educación debe entenderse como:

a. Un reemplazo de la labor docente.
b. Un copiloto del profesorado que potencia la creatividad, la personalización y la eficiencia.
c. Una plataforma para automatizar la enseñanza sin mediación humana.
d. Un recurso destinado únicamente a la enseñanza en ciencias y matemáticas.

3. ¿Qué ventaja ofrece aplicar la taxonomía de Bloom revisada con apoyo de la IA?

a. Centrar las actividades solo en el nivel de recordar.
b. Evitar el diseño de actividades didácticas.

c. Reducir la complejidad de los contenidos a lo mínimo posible.
d. Avanzar hacia niveles cognitivos superiores como análisis, evaluación y creación.

4. ¿Qué aporta el uso de la IA en procesos de evaluación y retroalimentación?

a. Generar rúbricas, cuestionarios adaptativos y *feedback* inmediato.
b. Sustituir totalmente la corrección del profesorado.
c. Eliminar la necesidad de acompañamiento humano.
d. Establecer calificaciones sin explicación alguna.

5. ¿Cuál de las siguientes opciones es una aplicación correcta de la IA en la gestión educativa y colaboración docente?

a. Crear rúbricas automáticas sin posibilidad de revisión.
b. Redactar comunicados claros y empáticos para familias y equipos docentes.
c. Sustituir los equipos directivos en la toma de decisiones.
d. Centralizar toda la planificación docente en un único *software* cerrado.

6. ¿Qué propone el diseño inverso?

a. Definir primero los resultados de aprendizaje y después planificar actividades.
b. Crear actividades sin objetivos claros.
c. Empezar por la evaluación final sin pensar en los objetivos.
d. Organizar las clases solo a partir de la disponibilidad de recursos digitales.

7. ¿Qué beneficio principal ofrece la IA al generar explicaciones alternativas en el aula?

a. Proporcionar nuevas formas de explicar un concepto adaptadas al nivel del alumnado.
b. Asegurar que todos comprendan solo memorizando.
c. Evitar que los docentes intervengan en la explicación.
d. Convertir los temas en resúmenes únicos y generales.

8. ¿Cómo puede la IA apoyar la creatividad en el aprendizaje?

    a. Sustituyendo totalmente la producción del alumnado.
    b. Proporcionando únicamente datos numéricos y estadísticos.
    c. Limitando las posibilidades de creación a un único formato.
    d. Generando textos, imágenes, audios o vídeos que sirvan como materiales didácticos.

9. ¿Qué criterio destaca la UNAM (2025) al hablar del uso de la IA en retroalimentación?

    a. Favorece la memorización mecánica.
    b. Se enfoca únicamente en calificaciones cuantitativas.
    c. Sustituye la reflexión personal del estudiante.
    d. Promueve la metacognición, es decir, reflexionar sobre lo que se sabe y lo que falta por aprender.

10. ¿Qué papel debe mantener siempre el profesorado al integrar la IA en sus procesos de enseñanza y evaluación?

    a. Revisar, adaptar y dar sentido pedagógico y humano a los recursos generados por la IA.
    b. Confiar totalmente en los resultados de la IA sin modificaciones.
    c. Usar la IA solo en tareas administrativas.
    d. Dejar que el alumnado aprenda exclusivamente con la IA sin mediación docente.

Glosario

Algoritmo
Conjunto de pasos que sigue una computadora para resolver un problema o realizar una tarea.

Aprendizaje automático
Rama de la IA que enseña a las máquinas a aprender de los datos sin ser programadas explícitamente.

Aprendizaje profundo
Subcampo del aprendizaje automático que utiliza redes neuronales para analizar información compleja.

Asistente virtual
Programa que utiliza IA para ayudar a realizar tareas, responder preguntas o gestionar información.

Big data
Conjunto de datos muy grandes que se analizan para descubrir patrones o tendencias.

Chatbot
Sistema de conversación automatizada que responde de forma natural a las preguntas del usuario.

Cloud computing
Servicio que permite usar programas o almacenar datos en línea sin instalarlos en un dispositivo.

Creatividad artificial
Capacidad de una IA para generar contenido nuevo, como textos, imágenes o música.

Datos de entrenamiento
Información que se utiliza para enseñar a un modelo de IA a reconocer patrones.

Deepfake
Contenido falso creado con IA, especialmente imagenes o vídeos que imitan personas reales.

Diseño inverso
Método educativo que parte de los resultados de aprendizaje antes de planificar actividades.

Explicabilidad
Grado en que se puede entender cómo una IA toma sus decisiones o genera resultados.

Ética de la IA
Principios que orientan el uso responsable, justo y transparente de la inteligencia artificial.

Evaluación automatizada
Proceso en el que la IA analiza o califica trabajos y exámenes.

Feedback automático
Retroalimentación generada por IA para guiar al estudiante en su aprendizaje.

Generación de texto
Capacidad de la IA para escribir contenido coherente en respuesta a una solicitud.

Generador de imágenes
Herramienta de IA que crea ilustraciones o fotos a partir de descripciones escritas.

GPT (generative pre-trained transformer)
Modelo avanzado de lenguaje que genera texto similar al humano.

IA (inteligencia artificial)
Tecnología que permite a las máquinas realizar tareas que requieren inteligencia humana.

IAGen (inteligencia artificial generativa)
Tipo de IA que crea contenido original en texto, imagen, audio o vídeo.

Integridad académica
Valor que promueve la honestidad y el esfuerzo propio en el trabajo educativo.

Interfaz
Espacio donde el usuario interactúa con la herramienta de IA.

Literacidad digital
Capacidad de usar y comprender tecnologías digitales de forma crítica y responsable.

Machine learning
Nombre en inglés del aprendizaje automático.

Metacognición
Capacidad de reflexionar sobre el propio proceso de aprendizaje.

Modelo de lenguaje
Sistema de IA entrenado para comprender y generar texto en lenguaje natural.

Modelo fundacional
Modelo grande de IA que sirve de base para crear otros más específicos.

Personalización del aprendizaje
Adaptación del contenido educativo al ritmo y necesidades del estudiante mediante IA.

PLN (procesamiento del lenguaje natural)
Tecnología que permite a la IA entender y producir lenguaje humano.

Privacidad de datos
Protección de la información personal frente a usos indebidos.

Prompt
Instrucción o texto que se escribe para indicar a la IA lo que debe generar o responder.

Prompting
Técnica de redacción eficaz de *prompts* para obtener buenos resultados de la IA.

Retroalimentación inteligente
Comentarios generados por IA que orientan el progreso del estudiante.

Riesgo algorítmico
Posibilidad de que una IA genere decisiones o resultados sesgados.

Sesgo algorítmico
Tendencia de un modelo de IA a producir resultados injustos por los datos con que fue entrenado.

Simulación
Reproducción de situaciones reales mediante IA para aprendizaje o práctica.

Sistema multiagente
Conjunto de varias IA que cooperan para resolver tareas complejas.

Taxonomía de Bloom
Clasificación de niveles de pensamiento que ayuda a diseñar actividades cognitivamente desafiantes.

Toma de decisiones asistida
Uso de IA para analizar datos y apoyar la elección de la mejor opción.

Tutor inteligente
Programa de IA que guía el aprendizaje del estudiante según su desempeño.

Transformador
Arquitectura de red neuronal utilizada en modelos avanzados como ChatGPT.

Transparencia algorítmica
Claridad con la que se explica cómo funciona un modelo de IA.

Uso ético de la IA
Aplicación de la inteligencia artificial respetando la equidad, privacidad y derechos humanos.

Validación de datos
Comprobación de la exactitud y confiabilidad de la información usada por la IA.

Visualización de datos
Representación gráfica que ayuda a comprender la información analizada por IA.

Voz sintética
Sonido generado por IA que imita la voz humana.

Web semántica

Internet mejorada por IA que entiende el significado de la información.

Zero-shot learning

Capacidad de la IA para realizar tareas que no ha visto antes sin entrenamiento previo.

Zona de desarrollo próximo

Concepto pedagógico que se potencia con IA para ofrecer apoyo justo donde el alumno lo necesita.

Bibliografía

_____

Monografías

→ ANIJOVICH, R., CANCIO, C. I. y FERRARELLI, M.: *Abrazar la diversidad en el aula. De la reflexión a la acción*. Barcelona: Paidós, 2024.

> Libro con estrategias didácticas para aulas heterogéneas y evaluación con foco formativo.

→ BENÍTEZ, Y. L.: *Algoritmos de la inteligencia artificial*. Antequera: IC Editorial, 2025.

> Explica de forma accesible los principales algoritmos de IA, su funcionamiento y aplicaciones prácticas.

→ FERNÁNDEZ-FERRER, M. (ed.). *Chatbots en educación. Tendencias actuales y desafíos futuros*. Barcelona: LMI, 2023.

> Publicación académica que analiza las tendencias, beneficios y retos del uso de chatbots y agentes de IA en la enseñanza, destacando su potencial para ofrecer aprendizajes personalizados y experiencias interactivas en distintos niveles educativos.

→ Grupo Académico de Inteligencia Artificial Generativa en Educación: *Recomendaciones para el uso educativo de la inteligencia artificial generativa en la UNAM* (2.ª ed.). Ciudad de México: Universidad Nacional Autónoma de México, 2025.

> Guía práctica y ética para integrar IAGen en la universidad.

→ Universidad Nacional de Educación a Distancia: *Guía para la integración de la IA en educación*. Argentina: Ministerio de Capital Humano, 2025.

> Guía para integrar IA en prácticas de enseñanza y gestión.

→ ROJAS, A. y GALILEA, S.: *Uso de ChatGPT para líderes escolares*. Chile: Universidad del Desarrollo, 2023.

> Guía práctica para directivos escolares sobre usos y límites de ChatGPT.

→ RUSSELL, S. J., NORVIG, P. *Artificial Intelligence: A Modern Approach* (4th ed.). Londres: Pearson, 2021.

> Obra de referencia que abarca temas como agentes inteligentes, aprendizaje automático, razonamiento, planificación y percepción.

Textos electrónicos, bases de datos y programas informáticos

→ Artificial Intelligence: A Modern Approach, de:
<https://www.pearson.com/en-us/subject-catalog/ɔ/artificial-intelligence-a-modern-approach/P200000003500/9780137505135>.

> Manual de referencia sobre fundamentos y técnicas de IA.

→ Coordinación de Evaluación, Innovación y Desarrollo Educativos, de:
<https://www.ceide.unam.mx/>.

> Documento web institucional con pautas, riesgos y buenas prácticas en el uso de la IA en educación.

→ Copilot, de: <https://copilot.microsoft.com/>.

> Asistente que integra IA en la navegación y en M crosoft 365.

→ EU Artificial Intelligence Act, de:
<https://artificialintelligenceact.eu/ai-act-explorer/>.

> Acceso a la Ley de la Inteligencia Artificial de la Unión Europea.

→ Garantizando una IA ética y responsable, de: <https://aesia.digital.gob.es/es>.

> Agencia Española de Supervisión de Inteligencia Artificial (AESIA).

→ Gemini, de: <https://gemini.google.com/>.

> Asistente de Google para redacción, planificación y razonamiento multimodal.

→ Google AI Studio, de: <https://makersuite.google.com/?hl=es-419>.

> Plataforma gratuita de Google que permite crear, probar y ajustar aplicaciones basadas en modelos de inteligencia artificial generativa, como Gemini (el modelo de lenguaje de Google).

→ Guía para el uso de IA generativa en educación e investigación, de:
<https://www.unesco.org/es/digital-education/artificial-intelligence>.

> Orientaciones globales sobre uso responsable de IAGen en educación e investigación.

→ IA en la escuela argentina: qué cambia, por qué importa y cómo nos preparamos, de: <https://www.sherpa.wtf/post/ia-en-la-escuela-argentina-qu%C3%A9-cambia-por-qu%C3%A9-importa-y-c%C3%B3mo-nos-preparamos-gu%C3%ADa-2025?utm_source=chatgpt.com>.

> Interesante documento que cuestiona desde diferentes perspectivas el uso de la IA en el ámbito educativo.

→ Modelo EurekAI, de: <https://eurekai.unav.edu/>.

> Guía elaborada por la Universidad de Navarra que presenta el **Modelo EUREKAI,** una propuesta para integrar metodologías activas y tecnología consciente en la enseñanza universitaria. Promueve un enfoque pedagógico innovador donde la **inteligencia artificial potencia la creatividad, el pensamiento crítico y el aprendizaje auténtico.**

→ PicoTrex, de: <https://github.com/PicoTrex/Awesome-Nano-Banana-images/blob/main/README_en.md>.

> Repositorio de ejemplos y colecciones de *prompts* para generar imágenes con IA.

→ Recomendaciones para el uso de Inteligencia Artificial Generativa en la docencia, de: <https://raeia.org/books/recomendaciones-para-el-uso-de-inteligencia-artificial-generativa-en-la-docencia/?utm_source=chatgpt.com>.

> Acceso al documento que versa sobre recomendaciones para el uso de la IA generativa en el ejercicio de la docencia.

→ Recomendaciones (vídeo) para el uso educativo de la Inteligencia Artificial Generativa en la UNAM, de: <https://www.youtube.com/watch?v=6iRQADw0Xm8>.

> Presentación en vídeo de las recomendaciones institucionales de la UNAM sobre el uso de la IA.

→ Recomendaciones para el uso educativo de la inteligencia artificial generativa en la UNAM, de: <https://iagen.unam.mx/>.

> Documento orientador con fundamentos, recomendaciones y experiencias de uso de la IAGen en contextos educativos universitarios.

→ Teachable Machine, de: <https://teachablemachine.withgoogle.com/>.

> Plataforma de entrenamiento sencillo de modelos de imágenes, audio y poses para clase.

→ Tratamientos que incluyen inteligencia artificial (IA): Mapa de referencia de: <https://www.aepd.es/infografias/tratamientos-inteligencia-artificial.pdf>.

> Infografía publicada por la AEPD que ofrece una visión general de los aspectos normativos, técnicos y éticos vinculados al uso de la inteligencia artificial.